JN163238

増補・改訂版

埼玉の逆襲

「フツーでそこそこ」埼玉的幸福論

谷村昌平

言視舎

増補・改訂版のためのまえがき

「(なんと)埼玉に鉱脈があったぞー!」的なこのごろ

……埼玉が、翔んでますねえ……。

この数年で埼玉を扱った書籍やテレビ番組を目にする機会が増えました。埼玉ならではの「あるある」であったり、哀愁であったりの、心持ちテーマ。あるいはvs千葉であったり、大宮vs浦和などの狭域バトルテーマ。(かつてに比べ)異常に目に触れるので、世間が埼玉に〝鉱脈〟があることに気がついたのでしょうか。ただ、それらがすべて埼玉を好意的に扱っているかとか、面白いかとかは別として、いかにそれまで埼玉が「掘られてなかった」ことも浮き彫りになっている格好です。

それは私自身がこれらのコメンテーターとしてしばしば登用されるあたりにも露呈してしまっていると思います。つまり、たった1冊の拙著の第一版が上梓されるまで、埼玉全体を俯瞰してオーソライズする者がいなかったんだ……という実感を身を持って得てしまったわけです(ワンテーマやワンエリアなどでは当然いたのでしょうが）。それだけ埼玉は汗水垂らしてまで掘るに値しない、とされていたのかはわかりませんが、それは研究者等に限らず当事者（県民）にも長い間蔓延していました。

ふつう（?）東京に上京した高知県出身の者同士が、なにかの折に会した場合、「おおー高知か!どこ?」「〇〇町」「おー〇〇町か。あそこは△△だよなあ!俺は●●市で――」というように故郷《おくに》話に花が咲くものですが、埼玉の場合は、お互いの出身地を交したところで、「ああ～……うん」「あのへん……だよね」と逆にフェードアウトしてしまうことしばしば。つまり、おらが故郷のことに興味がない。どころか、知らない。知ろうともしない。「埼玉は郷土愛が稀薄」とよく言われますが、こういった傾向からも愛が育まれにくい地場が連綿と築き上げられております。これでは県民の中から埼玉研究家が生まれるはずもなく、私のようなぽっと出の好事家に刈り取られてしまうわけです。そういった意味ではこのプチ埼玉ブームは、県民が県に興味を持つ機会としては歓迎すべき風潮でしょう。

ともかく良くも悪くも埼玉に注目が集まっている昨今。とはいえ良くも悪くも埼玉は今日《こんにち》も埼玉らしさを保ったままです。ここ3年で変わったことと言えば、秩父や川越はいっそう観光に注力し、観光客数を伸ばしています。秩父鉄道は一時廃線の危機にさらされましたが、秩父をはじめ各地でかき氷合戦になっています（関連性はなし）。さいたま新都心などに大型商業施設が、飯能にムーミン谷ができたりしました。小川町の和紙が世界遺産になりました（！）。「埼玉ポーズ」が県内を席巻しました。ＮＡＣＫ５は相変わらずＦＭナンバーワンの聴取率を保持しています。浦和レッズも相変わらず熱気を帯びています。西武ライオンズの秋山翔吾選手がイチローの年間安打数記録を塗り替えました。石川遼くんがご結婚されました。日本各地で「インバウンド」が巻き起こり、漏れずに埼玉にもその余波がきています。行田のオートレストランが——なんやかんやけっこうあったので、この場を借りてけっきょくウンチク垂れることにします。

▼秩父や川越はいっそう観光に注力し、観光客数を伸ばしています。

「われらは観光地である！」と割り切った？（本腰を入れた）感のある、秩父と川越は年々観光客を増やしています。いずれも東京メトロ副都心線と東急東横線の相互直通運転による他県からの動員も奏功しており、秩父は「あの花」をはじめとするアニメの聖地巡礼や羊山公園の芝桜、小鹿野町の氷柱、皆野町の阿佐美冷蔵などが依然人気。特に阿佐美冷蔵のかき氷への行列は毎年伸びており、これを契機に（？）県内各所でかき氷合戦（熊谷の「雪くま」や久喜の「雪みるく」など）が勃発しております。

また、吉高由里子をイメージキャラクターに登用したことによる「女子旅」「ちい旅」的な打ち出しが浸透したのか、軽量ザックにニットキャップ、一眼カメラ、な女子の姿を多く見かけるようになりました。吉高がポスター等でホルモンをほおばっているのは老舗「高砂」かと推察されますが、店の四隅が見えないほど煙が立ちこめるあのアジな店内にうら若き女子がホルモンと格闘している様相はいささか不思議（小鹿野町のわらじカツ丼「安田屋」も同様）。しかし元々ホルモンが名物な秩父でしたが、その面がよりクローズアップされていることは喜ばしいことでしょう。

川越は毎年観光客数を更新し続ける快進撃を続けています（２０１５年：約６６５万人）。特に外国人観光客の増加がめざましく、観光客数全体の増加分の6割以上を外国人が占めるほどに。都心からのアクセスのよさ、季節性に左右されない点なども評判を呼び、いまでは週に一度はテレビで特集されているのではなかろうか、というほど。

商店も代替わりの時期で、老舗の割烹などはリノベーションを施したり、かつての出身者が川越回帰しカフェや雑貨店などを開業する傾向も強く、そして昔ながらの情景も残しつつ……と新旧のバランスがいまとても絶妙な頃合いともいえます。いずれの地域も、これまで受け手も仕手も気持ちのベクトルが曖昧だった（と思われる）ぶん、まだまだのびしろがあると感じています。

▼県内には新たな大型商業施設やムーミン谷ができたりしました。

大きな施設も（相変わらず）にょきにょき建っています。目立ったところでは、さいたま市のコクーン新都心が、「コクーンシティ」と新装し、広瀬すずを起用したテレビ（スポット）ＣＭ・各種広告媒体を大々的に展開し、大いに賑わっております。

富士見市にオープンした「ららぽーと富士見」は、敷地面積約15万２０００㎡、店舗面積約８万

㎡と、ららぽーとTOKYO-BAY、横浜に次ぐ規模で、東上線エリア最大の293店が入居するショッピングセンターとなっています。主要テナントは東急ハンズ、ユザワヤ、リブロ、ZARA、ノジマなどの他に、丸広百貨店や三越伊勢丹、京王百貨店のサテライト店舗など。独自なところでは、国内ではアウトレットを除いて初のティファールの直営店も入居。親子に人気なのは未来型遊具場「チームラボアイランド」。最新テクノロジーを通じて、アートなど創造的な体験ができる未来型遊園地で、自分で描いた魚が泳ぐ「お絵かき水族館」等が人気です。

同じくファミリー層に話題になっているのが、「ムーミン童話」の世界をモチーフにした飯能市の「あけぼの子どもの森公園」。園内には、ムーミン屋敷や森の家、小川、遊歩道など、ムーミン谷の世界が飯能の自然をうまく利用して再現されています。「モチーフどころか再現度高すぎ!」「ムーミンの世界観にどっぷり浸れる」とムーミンマニアからも支持を得ています。この飯能のムーミン谷、なんと入場料も駐車場代も無料。入間のコストコやアウトレットに行きがてらに足を運ぶ人も多いようです。

▼小川町の和紙が世界遺産になりました。

本書第一版でも紹介した、小川町の和紙。なんと県念願の世界遺産に登録されました!

登録されたのは、国の重要無形文化財に指定されている「細川紙」という和紙で(詳しくは167ページも参照ください)、2013年にはユネスコ無形文化遺産の登録に向けて申請されていました。

そして晴れて石州半紙（島根県）及び本美濃紙（岐阜県）と併せて、「和紙：日本の手漉和紙技術」として、ユネスコ無形文化遺産へ登録がされました。このことは県内では初の偉勲であるとともに、ライバル千葉県も手にしていないメダルですから、これはかなりビッグな〝逆襲〟コンテンツなのではないでしょうか。

▼「埼玉ポーズ」が県内を席巻しました。

県民の方ならもう皆ご存じですよね？　埼玉ポーズ。

埼玉ポーズは、手をオッケーサインの形にして胸の前でクロスさせ、左足を少し前に出します。これは、埼玉県鳥のシラコバトを着想とし、手は鳥の羽を、人指し指と親指で作る輪っかは埼玉の「玉（輪）」をイメージしています。「そうだ埼玉.com」というサイト上でアップされている埼玉県PR映像「そうだ埼玉」のメイン振り付けとして誕生しました。

この取り組みが、日に日に話題を呼び、同映像には県内の企業や役所が賛同協力し、社長さんや市長さんも踊りまくっています。その熱は帯びに帯び、ついにはコバトンやお隣千葉のチーバくん、ひいては埼玉ゆかりの芸能人まで登場します。さらにサイト内に留まらず、県内でイベントがあれば登壇者はやおら埼玉ポーズを繰り出し、出身の芸能人が雑誌の表紙を飾るや埼玉ポーズと、まさに埼玉ポーズ旋風。テレビニュースにも多々取り上げられました。

近年のこのプチ埼玉ブームの中、埼玉ポーズという県民共通の〝決め技〟が出来たことは、〝逆襲"への機運をさらに上げました。これまでなんとなくバラバラだった県民の気持ちが埼玉ポーズによりなんとなく団結したような気分になった人も多いと思います。

▼日本各地で「インバウンド施策」待ったなし状態！埼玉にもその余波がきています。

近年の訪日観光客の急増によって、インバウンド市場が大きく盛り上がっており、どの地域もインバウンド施策に奔走しております。

ご多分に漏れず、埼玉も躍起になっているわけですが、しかし、秩父、川越を筆頭に外国人観光客数は伸びてはいるものの、東京、大阪、京都あたりの牙城にはなかなかに食い込むことができず、この3年で外客訪問率は全国20位前後と横ばい状態。千葉はなんと5位につけておりますが、これはおよそ成田空港があることに起因している、と、いうことに、して、おきたい、ですね……。あと埼玉はそれら他県に比べ宿泊施設が不足しているということも否めません。

交通の便のよさ（箱根・日光・鎌倉に次ぐ東京近郊の観光地）や多彩な観光資源（都市、伝統的景観、自然、アニメの舞台巡りなどのカルチャー）などのストロングポイントはあるものの、東京をはじめ近隣他県に外客を奪われてしまうことは、もっと真剣に考えるべきでしょう。

私もこのような協議会によくお呼ばれするのですが、最終的にキラーコンテンツとされるのはやはり「日本的文化」の提供です。つまり、和食や寺社、着物、わびさびだったりの「和の世界」であったり、ハイテックなものづくりや日本ならではの行事、アニメ、ラーメンなどのクールジャパン的な物事、おもてなしだったりの「ジャパン・アズ・ナンバーワン的な部分」を訴求するというものです。たしかに、その通りであり、それ以上の正攻法はないのですが、どこもかしこもそこを推していては、喰い合いになります。ましてや、受け手はおよそ一時的な滞在であり、日本文化についても初心者です。と、なると「場所はともかく、さわりだけでもいいので、短期間でなるべく効率的にその国を体感しよう」と思い始めるのは当然のことでしょう。皆さんも海外旅行などに行かれるときは同様の思いを乗せることでしょう。

そうなってきますと、寺社は成田山で、和文化は浅草でひとまず満たされてしまうかもしれません。カルチャーショック的なものを味わいたければ新宿や渋谷、秋葉原が抱き合わせになる。そうすると、やはり東京ですべて事足りてしまうわけです。厳しいことを言うようですが、いかに秩父で秩父銘仙の着物体験ができたり、川越に和情緒があろうとも、今日初めて日本にきた外国人には違いがわかりません。つまり、埼玉である必要はないわけです。和情緒や着物体験は浅草や神楽坂で気持ち済んでしまうかもしれない。かといって、歌舞伎町やスクランブル交差点、秋葉原に対抗できるほどの過激なソフトもない。では、どこに活路を見出すか、というと、「東京ではできないこと」そして「〝リアル田舎〟ではない地の利」を追求すべきだというのが持論です。

▼埼玉の〝田舎感〟をあえて活かしてインバウンド！

日本文化の提供はキーとしながらも、「じゃあこれって東京じゃできないしょう?」と煽り、かつ「しかもわざわざ遠方（リアル田舎）まで行かなくても1時間で着いちゃうのよ」で落とします。ではその提供すべき日本文化とは？　ですが、たとえば「茶摘み@狭山」。武蔵野うどんの「うどん踏み@加須」。麺を踏むなんて外国人からしたらきっとショッキングな体験でしょう。ほかにも県内にあまたある酒造による杜氏体験@秩父や醤油づくり、和菓子づくり@川越など。手のかからない案では煎餅焼き@草加などいかがでしょうか。もっと深みを持たせるならば、日本人形づくり体験@岩槻、桐たんすづくり@鴻巣、極めつけは和紙漉き体験@小川町……、どうでしょう。なかなか東京ではかなわない（〃リアル田舎にも匹敵する）コンテンツが埼玉には揃っていると思います。この案をもっと飛躍させるならば、「後継者ツアー」のようなことも中長期的には考えられるかもしれません。受け手側としてはどっぷりとその世界に浸れるし、送り手側にももしかしたら本当に担い手に困っている所もあるかもしれません。そうなればＷＩＮＷＩＮです。また、一時的な体験ではなく、最低1泊という条件付きにすれば、観光的にもうまみが出ます。そしてそれを繰り返せば継続的な訪日にもつながるわけです。

もちろん外国人のツボをストレートに狙う王道策も必要だと思いますし、東京や近県に負けない寺社や施設だってあるので、真っ向で勝負してもよいと思います（また、東京を意識しすぎることが「いじられ」かねませんしね……）。

ただ、いままで中途半端な田舎っぽさが埼玉のウィークポイントだと思ってたら、それが転じて武器になることもあるのです。インバウンド流行りに翻弄されるわけではないですが、そんなことを気づかせてもくれたタイミングでもあると思っています。

さて、のっけから近年のトピックスを列挙してまいりましたが、なかなかどうしてガシガシ〝逆襲〟しているじゃないですか！（偉そう）。本書がその火付け役になったのかどうかはわかりませんが、その礎の一端はきっと知ることができると思います。どうか足を投げ出して読んでいただければ幸いです。

プロローグ

埼玉こそ「逆襲」という言葉が相応しい

全国見渡せど、埼玉ほど「逆襲」という言葉が相応しい県はないでしょう。

実際に逆襲できているかいないかは別として、「逆襲したい！」という鬱憤が溜まりまくっている県ナンバーワンだということです。それは日本の首都・東京という巨大消費地に隣接しているという地理上の理由がほとんどを占めるでしょう。それなら千葉や神奈川も同様では？　という声も聞こえてきそうですが、それは埼玉と東京だけが蜜月に営んできた〝因縁〟があるのです。ときは6世紀ごろまで遡り、かつて東京と埼玉はほぼ全域同じ県（国）でした。そこから埼玉の悲運ははじまっていたのでしょう。この時点で千葉や神奈川とはだいぶ状況（運命《さだめ》）が違うのです。

ただ、徳川が江戸に入府するまでは、わりとのんびりとしたものでした（戦《いくさ》は別として）。日本政治の中心地は近畿でしたから、江戸といっても地方の1つのド田舎でした。しかし、江戸幕府が開府し、徳川政権のお膝元となってから埼玉の星回りは激動します。

本書の第1、2章は特に、埼玉が主に江戸・東京から受けてきた〝憂き目〟を、ちょっとイジワルな見解で綴っていきます。もしかしたら地元の方は「別に憂き目に遭ってきたとは思ってないぜ」とも思われるかもしれません。江戸・東京が隣接することで受けてきた恩恵もあるわけですから。

ちなみに、筆者は東京出身です。といっても埼玉県境の北多摩の「東京の片田舎」です。なので、埼玉の方がたと触れ合う機会はおのずと多かったように思います。遠足も概ね埼玉方面ですし、小学校高学年になると繰り出すのは所沢でしたし、あげく上級生に「初カツアゲ」を喰らったのも同じく所沢ですし！　ライオンズのファンクラブには5歳からずっと入会してますし!!　西武球場でもカツアゲされましたし!!!

……そんな私です。「東京モンになにがわかる！」とおっしゃらずに、埼玉の方がたがこじらせてきたコンプレックスのようなものは少なからず共有してきたと自負しております。さて、なんの自慢かわからなくなってまいりましたが、その共有してきた部分と、もう一方で県境だからこそ見えてきた、見てきた埼玉像という視点も私は持ち合わせております。そして、学生時代から嗜んできた民俗学、地域学、風俗学をもって俯瞰的な埼玉学も究明してきました。この私の培ってきた経験は必ずや――、さあなんだか面接みたいになってまいりましたが、つまり本書はあくまで私なりの解釈で咀嚼した部分が少々、いや大分入っておりますので、そこのところどうか寛大に、鼻で笑って読んでやってください。

ただ、最終的な狙いは、埼玉の隠れたお宝や幸せ、自慢をすることにありますので――、あれ？

なんだかさっきから埼玉の方がたに媚びてるような論調になるなぁ……。まあつまり私にもどこかに埼玉愛のようなものが宿っているので、保守的になっているのでしょうね。あ、こういう気質も非常に埼玉県人っぽいんですよねぇ。まあ、そのへんの話はおいおいしつこく出てきますので、まずは埼玉県人にとって耳の痛い内容がてんこ盛りの第1、2章から読み進めていただければと存じます。そして3、4章ですっきりしましょうね！　もう、「ダサイたま」とは呼ばせないぞ！　あれ？　やっぱり媚び――

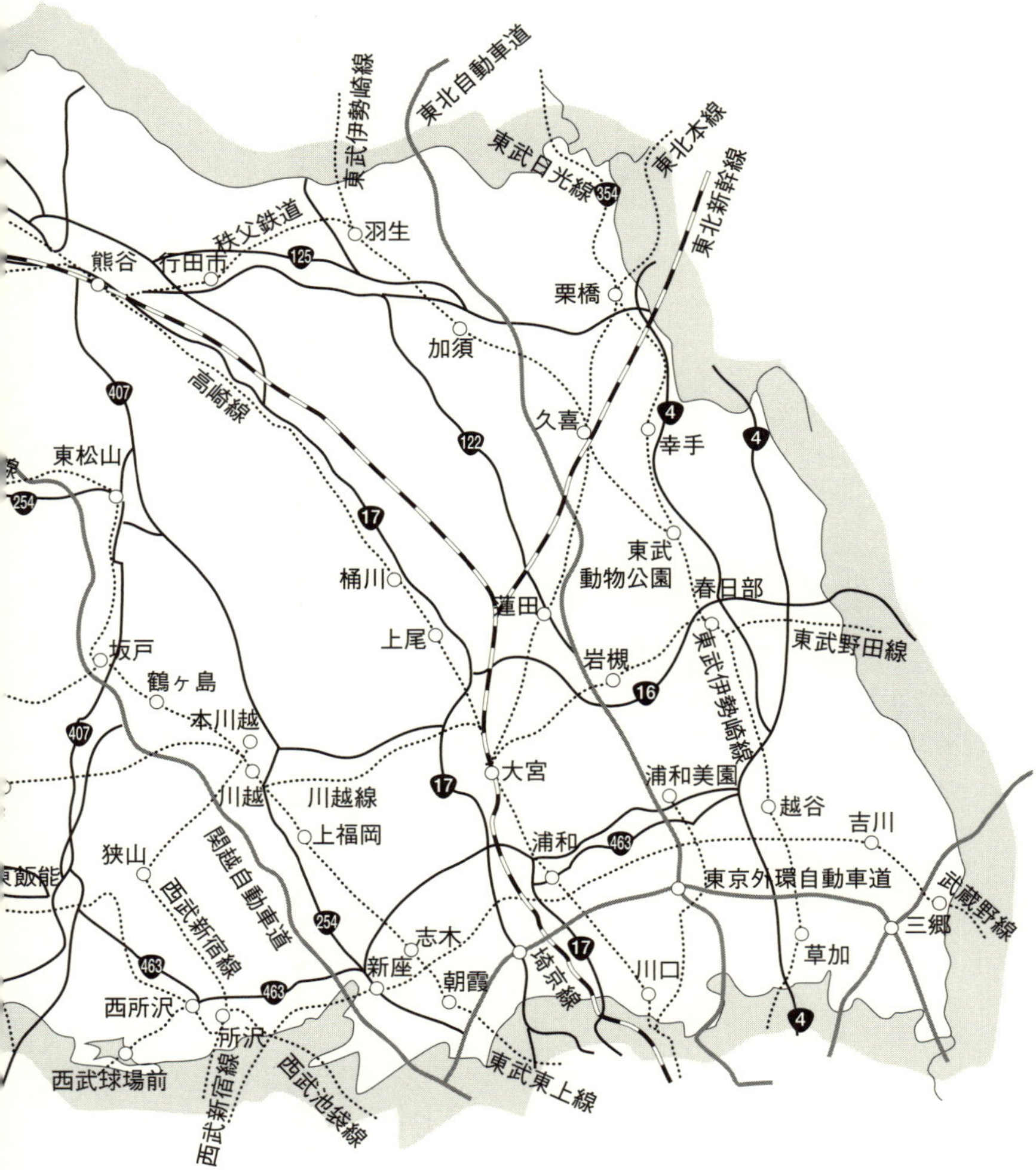
東北自動車道
東武伊勢崎線
東武日光線
354
東北本線
東北新幹線
羽生
秩父鉄道
熊谷
行田市
125
栗橋
加須
高崎線
407
久喜
4
幸手
122
東松山
254
17
東武
動物公園
桶川
春日部
蓮田
上尾
坂戸
岩槻
東武野田線
鶴ヶ島
16
東武伊勢崎線
本川越
407
大宮
浦和美園
17
川越
川越線
越谷
上福岡
吉川
狭山
浦和
463
関越自動車道
東京外環自動車道
東飯能
西武新宿線
武蔵野線
254
三郷
志木
草加
463
新座
埼京線
17
川口
朝霞
西所沢
463
4
所沢
西武球場前
東武東上線
西武新宿線
西武池袋線

埼玉県略図

目次

第1章 埼玉がこれまで受けてきた「仕打ち」

1 江戸時代からお江戸に尽くしてきた

この項の標題は、この本の裏テーマともいえるでしょう（だからこそ、しょっぱなにもってきたわけですが）。主眼の話をする前に、江戸時代以前のお話を予備知識として紹介しましょう。恐らく、本書を手に取っていただいた方がたには釈迦に説法、河童に水練になってしまうかもしれませんが……。まあ前置きとしてご一読ください。

現在の埼玉県ほぼ全域と東京都の大部分、神奈川県川崎市の全域と横浜市の東部の一都二県におよぶ地域は、元々1つの県もとい国だったことを皆さんご存知でしょうか？

その国は「武蔵国《むさしのくに》」と呼ばれました。ちなみに、さらに遡ると現在の神奈川県のほぼ全域「相模国《さがみのくに》」も元は1つだったという諸説があります。

武蔵国の時分は、「江戸のために産物を供給せよ」だの「江戸の水害を守るために武州《ぶしゅう》（現在の埼玉県域）の河川を工事せよ」だの申し付けられ、東京と埼玉に区分されてからは、やれ「ダサイ」だの「なんにもない」だの言われてきた埼玉。特に本書の第1、2章は、埼玉が主に江戸・東京から受けてきた憂き目をつらつらと綴っていくわけですが、そもそも、かつては同じ国（県）だったのですから、「受けた」も「受けない」もあるわけではないと思うのです。だから、「なにを威張ってやがる！」と異を唱えたいわけです。

さらに付け加えれば、武蔵の首都はかつて埼玉にあったという諸説もあるのです。

▼武蔵国の首都は埼玉？

ときは3世紀後半～4世紀にかけて、大和《やまと》地方（日本）にヤマト王権という巨大勢力がありました。ヤマトは5世紀までに東国（主に東海～関東地方）を支配下に収め、服従した各地の首長にはその地の支配権を与えました。これを「国造」と言います。現在の県都・首都のような役割と言えばよいでしょうか。『国造本紀』によれば、東国の北武蔵（現在の埼玉県域）には「知々夫《ちちぶ》国造」と「无邪志《むさし》国造」、「胸刺《むねさし》国造」が置かれていました。知々夫は秩父、无邪志、胸刺は武蔵と置き換えればわかりよいですね。つまり、首都はかつて埼玉県域に置かれていたと言えます。

しかし、この国造の地位をめぐり武蔵全域で争いが起きます。まあ当然のことでしょうね。しかし、ここでも北武蔵（埼玉県域）の勢力が、南武蔵（東京多摩地域）を破り、「武蔵国造の乱」に勝利します。そして自らの勢力圏の埼玉地域に大型の古墳群を築きます。事実、6世紀は関東各地に大型古墳が築かれた時代ですが、東京都域にはそれが見当たりません。大型古墳は主に今の鴻巣《こうのす》から行田《ぎょうだ》にかけて、いわゆる「埼玉《さきたま》古墳群」の地域を中心に見られます。大型古墳は権力の象徴だったのです。むしろ権力がなければ建ててはいけなかったのです。これらは埼玉が武蔵を司っていたことのまごうかたなき証だと言えるでしょう。とはいえ、武蔵国造が埼玉にあった↓日本の首都は埼玉だったのだ！　とするのはあまりに短絡的かとも思いますので、東京の人を指さして「やーい」とするのはちょっと思いとどまりましょう。当時の東京都域は、半分以上海だったことなどの状況もありますし……。

ただ、もしこの事実を知らずに、東京人に〝首都面《づら》〟されて見下されてきた埼玉県人がいたとしたら、いま心の中でほくそ笑むくらいは許されるでしょう。決して埼京線や東武線内で拳を交わさないようにしましょう。また5世紀ごろからふりだしになりますので。

しかし、である。その後、埼玉にとっておだやかではない出来事が起きます。7世紀、「大化の改新」が断行されたことにより、ヤマトのなかで大規模な国家改造が行なわれ、国造は廃止され、中央集権体制が整えられていきます。つまり、せっかく埼玉が制勝した武蔵国造も廃止されてしまいます。そして、中央から国司が派遣され、国造の乱で大王家に献上された南武蔵の地（現在の東京都府中）に国府が置かれてしまいます。これは、埼玉とすれば、武蔵の首都を東京に取り戻されたと言えなくもないでしょう。もし、首都が埼玉のままだったら、埼玉の未来はどのように変わっていたのでしょうか。

のっけから教科書のような内容になってしまい瞼が重くなった方もいることでしょう。しかし、江戸時代以降の植民地然としていた埼玉の姿が取りざたされがちですが、じつはそれ以前にもこのような因縁があったのです。そのことをまず知っておいてもらいたかったのです。そしていよいよ話は主題の江戸時代へと突入します。

▼江戸時代の「埼玉」

その前に……東京の前身である江戸の創世記は秩父氏の領土でした。

秩父の豪族・秩父氏が江戸の開発を進めたのは900年前。武士の時代の黎明期、平安末期の武蔵野国で最大の勢力を誇った中世武家であった秩父氏一族は秩父を拠点とし、徐々に江戸へその勢力を伸ばしていました。その秩父氏から誕生した氏族が「江戸氏」。

江戸氏は江戸城がある場所に本拠を構え、江戸の統率や発展に尽力。このように、秩父一族が武蔵野国ひいては江戸で〝政権〟を握っていた期間は、徳川政権の265年よりもゆうに長かったのです。という事実を念頭に次項を読み進めていただければと思います。

1590年、江戸に徳川家康が入府し、いわゆる江戸時代・徳川時代の幕があがります。1603年に将軍となったのち、幕藩体制を打ち立てた家康の〝関東経営〟の基盤であった武州（埼玉県域）には、川越《かわごえ》・岩槻《いわつき》・忍《おし》・岡部《おかべ》の４つの藩が設けられましたが、同時に武州各地に散在する多くの城の取り壊しが行なわれました。そして１６３２年には、川越・岩槻・忍の三城を残すのみとなってしまいました。さらにこれらの地域以外はすべて天領（江戸幕府直轄の領地）とされました。武州には領主が１０７８人もいたといわれ、政治的・文化的な中心都市の発生も阻まれ、かつて勇壮活発な鎌倉武士を生んだ武州一帯の住民も、支配体制の重圧化によって、保守色の濃い気質となっていきました。

すべては首都・お江戸のために。同じ武蔵国であろうと、武州はあらゆる犠牲を払ってきたように思います。ときには幕府を支える穀倉地帯として。ときには江戸と各地方を結ぶ〝通り道〟として。戦時には武蔵国の北の守りとして……。

挙げていくとまがありませんが、なかでも筆者が気になった具体的な〝献身エピソード〟を、「街道編」と「治水編」に分けてご紹介しましょう。

▼お江戸に尽くす〈街道編〉

幕府は国全体を治めるため、江戸と地方を結ぶ街道をつくることに注力します。江戸の隣である武州（埼玉県域）には、そのような街道がたくさん通っていました。繰り返しになりますが、幕府は江戸と地方を結ぶ街道の整備に努めます。この「地方」とは当然、埼玉のことではなく、主に京都や日光、そしてさらに遠方、東北や裏日本を指しています。埼玉なんか眼中にないのです。「ちょっとそこ通りたいから、道、つくらせろや」といった具合です。埼玉は大事な農作物を栽培する田畑を献上します。埼玉に用がないのに、踏み荒らされるだけの埼玉……。実際はそんなに酷い言い方はしてないでしょうけど。しかし、これはのちにふれます埼玉における鉄道の敷設も同様のなりたちをたどります。街道であろうが鉄道であろうが、埼玉は江戸・東京に尽くすのです。尽くさざるをえなかったのです。

話を戻しますと、埼玉県域には五街道のうちの大きな2つの街道が通っていました。お江戸日本橋から群馬を通り、やがて東海道とつながる中山道（県内ではほぼ17号線）と、やはり日本橋から宇都宮を通って日光へ通じる日光街道（県内ではほぼ4号線）です。東北へ通じる奥州街道は、埼玉では日光街道と重なります。ほかに、将軍が東照宮に行くときの〝専用路〟として、日光御成《おなり》街道《かいどう》もありました。岩淵《いわぶち》宿、川口《かわぐち》宿、鳩ケ谷《はとがや》宿、大門《だいもん》宿、岩槻《いわつき》宿を経て、幸手《さって》宿の南方で五街道の1つ日光道中と合流するまでの道筋が日光御成街道です。その名の通り、徳川歴代将軍が祖家康を祀った「日光東照宮」への社参（参詣）の際、「おなり」になった道筋です。用があるのは日光だけ。埼玉にはなーんも関係ありません。ただ、将軍様がおなりになる道をせっせとこしらえたら、将軍様が日光へおなりになるのを指をくわえて見ているだけなのです。

ただ、メリットがあったとすれば、街道沿いに置かれた各地の宿場は往来する人びとで賑わいました。これについては埼玉も恩恵を受けました。多くの商売が成り立ち、多くの人びとが埼玉の地にお金を落としていきましたから。特に中山道は、京都へ通じる重要な街道であり、活況を呈しています。繁華する江戸の裏側で、埼玉では常になにかしらのほころびが生じていました。いました。しかし、街道の賑わいに伴い、街道沿いの農民に課せられた助郷役《すけごう》（宿場の人馬を世話する夫役）の負担も大きくなっていきました。その不満は伝馬騒動という一揆にまで発展してしま

▼お江戸に尽くす〈治水編〉

江戸時代初期までの利根川と荒川は、下流で合流して東京湾に注いでいました。しかし、大雨のたびに洪水が起こり、利根川は本流の川筋を大幅に変える大工事を行ないました。荒川には途中に堤防を築いて流れを変えるなど、氾濫しない工夫をしました。また、当時の荒川は、現在よりも東を流れ利根川に合流していましたが、この東遷と並行して利根川から切り離され、入間《いるま》川筋に合流するように瀬替えさせられたのです。これほどまでに、大掛かりな改修工事が行なわれた理由は、もちろん江戸および幕府を洪水などの被害から防ぐためです。そのために駆り出されるのは当然現地の武州（埼玉）人だったのでしょう。

もう1つの大きな目的に、新田開発があります。水害を防ぐ工事をしたついでに、農業用水の便も改良して、新田にしちゃえ！　という狙いです。これにより幕府にとっては新しい年貢が創出されるわけです。江戸時代中期になると、幕府はさらなる年貢の増収を目論み、「土木技術の天才」と言われた紀州（和歌山）の井沢弥惣兵衛を江戸に呼びました。その後、武州の新田開発を任命された弥惣兵衛は、見沼溜井《みぬまためい》（さいたま市）を開発するとともに、利根川から水を引きました。完成

した用水路「見沼代用水」は２４０以上の町村を潤し、各地で多くの新田が生まれました。また、川越城主の松平信綱は全長24㎞の野火止《のびどめ》用水（新座《にいざ》など）をつくり、柳沢吉保は三富新田《さんとめしんでん》（所沢・三芳町）を開拓し、水の少ない武蔵野台地にも新田をつくりました。武州人は、それに伴い課せられる年貢が年々増えることに困惑し、惨苦したことでしょう。

ほかにも、河川を巨大な堀として軍事的に利用する目的や江戸を中心とした水運網を創出する思惑もあったようです。海のない武州は、広がった平野を流れる川や用水路が多く、船は大事な交通の手段でした。武州から江戸へ向かう荷物は年貢米、炭、材木が多くを占めました。新河岸川を通って盛んに江戸と行き来した川越は商業や文化が栄え、これが「小江戸」と呼ばれる発端とされています。東北地方からの荷物を積み込んだ船も、利根川と江戸川を通り江戸へ行きました。

水害を防ぐために始まった治水が、いつの間にか幕府にとって一石二鳥にも三鳥にもなっていったのです。

やがて幕府が倒れ、江戸が東京と名前を変えてからも、埼玉の〝奉仕〟は続きます。引き続き農産物などを供給するとともに、住宅地の供給が近代では目立ちました。溢れんばかりに過密する東京の人口の受け皿として、埼玉の特に南部の宅地化が進みます。近代埼玉に関するどの文献にも「人口の増加が目立ち」「人口が一気に倍増」「急速な都市化」「急激な宅地化」などの文字が必ず見られます。極めつけは「東京の衛星都市」。ここまで言われて悔しくなかろうか、埼玉県人よ！

2 そもそも県名の由来からして東京主導

埼玉県は、1871（明治4）年、昔の武蔵国の北部（埼玉郡・足立郡）と下総国（葛飾郡）の一部をもって設置されました。

埼玉という地名は、古来、「サキタマ」と言われ、『続日本紀』または『万葉集』などにも散見され、「前玉」「佐吉多萬」と記されています。前玉は、武蔵国の国府があった多摩地域の先にあったことから、つまり多摩の先（前）に位置するので、多摩先→先多摩→前玉という具合。現在も行田市に前玉神社が存在していることがひとつの例証とされています。

と、いかにもお勉強的に解説すれば「ふうん、そうなんだ」と読み流せるかもしれません。しかし、解釈によってはどこかせつなさが宿ります。「なんかやたら平らで広いあのへんの地名どうする？」「ああ、多摩は知ってるけどね、国府あるし」「じゃあ、多摩の先にあるから多摩先にすっか！」「それでいっか！」的な決められ方が邪推できませんか？

蛇足かもしれませんが、その昔は、現在の近畿に都がありましたから、関西方面が「上り」になります。現在は東京へ向かうことを「上り」と言いますが、かつては「下り」だったのです。なので、関西から見て先にたどり着くのが多摩になるわけで、埼玉はその先（北）になるのです。

さも多摩が先進地のように述べましたが、江戸だって、徳川家が江戸入りするまでは「下り」のド田舎だったわけです。なーんだ、江戸も田舎じゃん、と一瞬溜飲が下がりそうですが、話を戻して、その田舎である多摩のさらに先、というネーミングですから、やはりせつないことには変わりありません。

一方、「佐吉多萬」は、古代人が霊魂の1つに「幸魂」を考えたことに関連します。こちらは字面も至極美しく、意味合いもいかにも地元民のモチベーションが上がりそうです。そして、というか、やはり地元ではこの「幸魂説」の支持が高い。これには、「前玉説」もじつは知ってはいるが、「幸魂説があるなら、できればそっちを推したいなぁ」という地元民の願望も加味されているのかもしれません。

ほかにも県名の由来には諸説ありますが、現在ではこの2つが有力な説とされています。

ここで、ウンチクをひとつ。明治政府が成立してから、のちに組成されたほぼ現在の埼玉県域に、いわゆる泡沫県が21カ所もありましたが、約5年の間に統廃合を繰り返し、今日の埼玉県がつくられました（この悲話もまたのちほど詳しくふれます）。

当初できた埼玉県はもともと「崎玉」という字面でした。しかし、「武蔵野の一部なので、山はないでしょう?」ということから「埼玉」に変更されたそうです。しかし、その後、「山のある」秩父《ちちぶ》や比企《ひき》、児玉《こだま》、入間を統合したものの、「崎玉」には戻りませんでした。

最後にフォローではありませんが、本当に溜飲の下がりそうなキーワードが冒頭にあることに気づきましたか?「足立」と「葛飾」の文字。現在の埼玉にはそれらの地域が含まれていたのですね。かつての足立と葛飾は現在のそれより広範囲だったので、一部が埼玉に編成されたわけですが、いまもし埼玉を見下しているような県境の東京人がいたならば、「お前らは見逃してやってんだからな！　感謝しろ！」と言ってあげましょう。ただ、「お前らも埼玉なんだからな！」は、飛躍すしぎ、かつ意味が伝わらないかもしれないので、控えておきましょう。

3 「小江戸」なんて言われて喜んでる場合じゃ……

「おっとり」「おとなしい」「内向的」という他方からの印象が強い埼玉県人。そのイメージについて地元民は「海なし県だからね」「内陸県だからね」などと切って返しますが、お隣の同じく海なし群馬などはどうでしょう。おっとりどころか、血気盛んじゃないですか。赤城《あかぎ》山から吹き降ろされる強いからっ風がそう育むのでしょうか、今夜も赤城おろしに反発するかのごとく若者が轟音とともに赤城の峠を攻めているじゃないですか。輩出される偉人や著名人はいずれも睨みが利いていますし、群馬のみならず全国の腕っぷしの強い面々が崇拝してやまない伝説のロックバンドBOØWYの中心メンバー氷室京介、布袋寅泰も群馬出身。この名前を出せば血気盛んな群馬県人の解説をわざわざここですることはないでしょう。山梨だって、海がない土地柄をあえて生かした形で、独自の食文化を誇っています。『美味しんぼ』でも海原雄山がさんざん山梨の食文化について賛嘆しているでしょう?

▼江戸時代以前は血気盛んだった？

個性なき県になってしまった理由として第一に指摘すべきは、県として中心をもっていないことがあるでしょう。ただ、正しくは「もてなかった」とも言えるのです。これは埼玉の成立と深くかかわる問題なのですが、前項で述べたように埼玉の母体となった武蔵国は、徳川時代において、約70万石の地で、なかに約20万石の藩領があり、その他は天領（幕府の直轄地）・幕府旗本の士の知行所・寺社領でした。その領域にはきわめて多様な支配服従関係があり、実際、多くの村（相給《あいきゅう》）が、江戸の支配服従下にありました。

ここで、自ら話を矛盾させるようですが、かつては埼玉にも血気盛んな気質はあったし、中心地もあったのです。しかしそれは江戸の〝支配下〟になる以前の話。武州（現在の埼玉県域）は、鎌倉時代以前から、児玉党や村山党による「武蔵七党」とよばれる地元の〝豪族〟が存在しました。中小武士団が群雄割拠状態で知られる土地で、それぞれの集団が、古くは足利氏、戦国時代は越後の上杉や甲斐の武田、小田原の北条、地元近辺では豊島氏や成田氏などに加勢して暮らしていました。

そのなかで、「埼玉《さきたま》古墳群」で知られるように、忍（現・行田）周辺は奈良時代から、あるいはもっとそれ以前から、荒川の肥沃な平野を擁して、大和王権に対抗するくらい早くから開けた土地だったのです。よって、忍はいわば昔からこのあたりの中心地でした。また、川越は河越氏が勢力を張っていたのが、上杉氏のものになったり、戦国時代の有名合戦「河越夜戦《かわごえ》」で上杉氏が北条氏に負けて完全に北条氏の勢力下になったりしました。もともと河越城は千代田城（江戸城）をつくった築城の名手・太田道灌がつくった城で、重要拠点でした。なので、川越も中心地のひとつであると言っていいでしょう。

１５９０（天正18）年に小田原の北条氏を滅ぼした豊臣秀吉が天下統一を果たし、秀吉の指示で徳川家康が江戸に入ります。ですから、家康が天下人になる少し前、ということですね。大坂《おおさか》から遠い江戸とかいう「田舎」に家康を置いた秀吉の深慮遠謀たるや……。

▼徳川以降の「北」の備えとして

そのころはまだ、家康最大のライバル上杉氏（家老は直江兼続）は福島の会津若松城に巨大戦力を持っていますし、もちろん〝東北の王者〟伊達氏も健在ですし、常陸（茨城）の水戸城には強豪・佐竹氏がいました。しかし、１６００年の関ヶ原の「天下分け目の大合戦」で家康は勝利を収め、江戸が天下の中心になっていきます。上杉氏を米沢に閉じ込め、佐竹氏は秋田に飛ばしてやった。それでも、まだ東側・北側には脅威があり、こいつらに対する防御をしなければいけません。そのためには、武州を「徳川幕府本社」の直轄地にして川越、忍、岩槻の「大拠点営業本部」には、本社でも重役クラスの人間を本部長に置く（日光街道、中山道などにも睨みを利かせるため）。その周りの天領には課長クラスの旗本連中を配置する（この連中は、もともと徳川の家臣団だから忠誠心が強いため、田舎の天領であろうと心血注いで働きます）。

家康が賢いのは、京都との物理的な距離を逆に生かしたこと。京都と遠く離れて、朝廷に取り込まれないようにしたのでしょう。何人もの名将がそれで失敗してますからね。秀吉は〝平清盛スタイル〟で、朝廷の位で偉くなって最高の関白・太政大臣になって天下人になろうとしましたが、家康は〝源頼朝スタイル〟を採りました。頼朝や足利尊氏（室町幕府）にならって、武士の政権にしようとしたところがいかにも賢い。

一方で、東国においては徳川氏は占領軍なので、武州を天領にして（軍事的にも、産業的にも具合のいい場所だから）、「江戸と同じ武蔵国だしね」ということで、武州も〝いちおう本社扱い〟にしてあげる。とはいえ、重役クラスが来るわけですから、昔からの武州の人間はどうしても見下されたんじゃないでしょうか……。あくまで邪推ですけど。

そして、やっぱり江戸に近いわけですから、文化的にもなににしてもすべて江戸向き、江戸のお口に合うように強制、もとい矯正されるわけです。天領にしても、なにしろ全国の数ある中でも最も江戸に近い天領なわけですから。これではなかなか「地元」文化は、育たないというものです。いま、川越が「小江戸」なんて呼ばれていることを誇っていますが、こうして歴史を顧みると少し複雑な気が……。

せっかく（？）「本店」という例え方をしたので、全体を同様のタッチにておさらいしてみたいと思います。

▼埼玉に「中心」がない理由

同族会社の「徳川物産」は、丸の内の江戸城に経営戦略統合本部、社長室、社長の私邸、などを構え、その周りの江戸、および武州までを本社機能をもつ地域としました。

「武州オフィス」には、それぞれ独立採算の事業本部として川越事業本部、忍事業本部、岩槻事業本部を構え、それぞれ親戚筋の「親藩」と代々の重臣である「譜代」の大名を代表本部長としました。彼らは本社の取締役でもあり、専務、常務の経験者であったり、これからその重役に嘱望される人材であります。それぞれの事業本部は、江戸城に直結する防衛と産業営業を任務とします。

川越、忍、岩槻の各事業本部の周辺には、本社組織の中に位置づける各支店、各営業所を置き、代々の家臣である旗本を支店長、営業所長とします（つまり部長・課長クラス）。

天領としての武州と、三藩の位置づけはこのようなイメージでしょうか。武州まで含めて〝いちおう本社〟と考えておいたほうが、天領と、小さいけれど重要な三藩ということがわかりやすいでしょう。逆に言えば、江戸の隣に大きな藩を置く必要はない、というか、置きたくない、というか。

全国的にみると、大坂や長崎、京都など重要なところには天領として「事業本部」を置き、佐渡、甲府、石見などの鉱山には重臣を営業所長（代官）に赴かせています。このように他県の地名を列挙すると、武州の各所がいかに重責を担っていたかがわかるでしょう。親藩、あるいは譜代大名としても、独特の地位だったのではないでしょうか。なにせ規模は違えど、岩槻と大坂が同じ役割ですから！　〝江戸への献身〟という概念を取り除けば、もしかしたらこれは誇るべきことなのかもしれませんね（それと、江戸への〝気後れ〟と裏腹に、いちおう本社、親藩、譜代、天領の土地ですから、周辺の北関東に対しては微妙な優越感も醸成されたのかも……）。

このようなことからも、どこか1カ所ではなく、各地域がそれぞれ割拠して発展したことは、今日県内に40弱の市がありますが、中心となる大きな都市を持ちえていない所以でもあるでしょう。それだけに、江戸幕府倒幕後の明治時代には「埼玉は〝難治の県〟である」という風評が広く流布され、実際に就任した歴代の県知事も統制に頭を悩ませたようです。元知事の前原浩氏も県知事選にあたり全県下を回り、「埼玉には2つの埼玉がある」と驚いたとか。

せっかく江戸の支配下から解放されたかと思いきや、今度は「統治しにくい県だよね」とは……。こうして、権勢に、時代に、ずっと翻弄されてきた埼玉なのです。

4 海なし、個性なし、郷土愛なし？

なんにもなければ、郷土愛もない。という印象の強い埼玉。しかし、前項のような背景や内圧があっては「ある」ほうがおかしいというもの。個性のなさについては、地図を見れば一目瞭然。埼玉の地理的条件から生まれた特質でしょう。埼玉は海に面さない内陸県、〝海なし県〟であり、さらに東京に隣接する県であることが大きな意味を持っています（なにをいまさらですが）。武蔵国が一府二県に分離して、その二県の一つとして「埼玉県」がつくられました。武蔵国がそのまま一県を成していれば、海に面していたことになります（あたりまえですが）。東京と埼玉がもしも一県であったとしても、その結果のよし悪しはだれにもわかりえませんが、近代日本が首都東京を中心に発展してきたなかで、埼玉がその後背地であったことは、近代埼玉の発展に大きな意味をもっていたのです。

▼埼玉都民

郷土愛のなさについては特に「埼玉都民」が多い県南部のほうに強いようです。「埼玉都民」とは、埼玉県から東京都区部に通勤・通学する者を指す俗語。いわゆる高度経済成長期の1950年代に東京の人口が過密したため、また、東京の地価が高騰したため、東京北部に隣接する埼玉南部は急速に宅地化が進み、東京で溢れた人口の受け皿となりました。

しかし、埼玉に移住してきた「元・東京都民」は、さも「埼玉には住んでないぜ」といった面持ちで、今日も朝霞台駅からラッシュにもまれ東京（都区部）へ出勤するのです。そして東京で仕事を終えたら、東京で一杯やり、東京のデパ地下（この場合、池袋）でお土産を買い、家路へ着くのです。そう、埼玉は寝るためだけの場所、まごうかたなきベッドタウン！　駅から自宅の間、つまり埼玉を歩いているときはとにかく「無」。マンガで表現するところの、黒目の部分が白くなっているアレです。埼玉に住んでいることを自分のなかでグレーにしようとするのです。

これではまるで東京のために埼玉が土地を開拓し、献上しているようではありませんか。この悪しき遺伝子はそのジュニア世代にも受け継がれ、10歳にもなれば埼玉に住んでいることがなんだか恥ずかしいことのように思えてきます。そして高校生にもなれば行動範囲が広がり、「どこに住んでるの？」「どこから来たの？」という局面に直面することでしょう。そのような場合、多くの埼玉都民世帯の子どもが「……東京……だよ」や「ん～、練馬のほう……？」などと答えるそうです。

これは、埼玉南部に接する都民の私が幼きころから体感してきたことであり、誇張でもなんでもありません。特に飲み会やコンパでの「地元は？」「……東京」の回答率は90％です（このパーセンテージばかりは臆測です）。

しかし、実際この事例は「埼玉あるある」として多くの埼玉県人と共有できます。ただ、代々から南部が地元の方がたは少し違うようで、「別に、東京都民ぶりたいわけではなく、東京って言ったほうが話がスムーズなことが多いから」という埼玉県人なりの処世術があるそうです。なるほど、遠方の県や海外などでは特にそうかもしれませんね。

▼そしてライオンズは「埼玉」を揚げた

残念な事例をもう１つ。このような埼玉都民、東京からの移住組は、ハガキやホテルのチェックイン時などに住所を記入する際、「埼玉県」を省くことが多いのです。つまり「所沢市」や「志木市」としたため始めます。ここまでくるともう執念を感じます。そこまで埼玉が嫌か！　年賀状などで埼玉県が省かれていたら、その人は移住組かもしれません。

住所詐称および住所割愛のような事例が蔓延してはいつまでも郷土愛は生まれません。

西武ライオンズも２００９年になって球団名に「埼玉」を冠に付け、「埼玉西武ライオンズ」となりましたが、創設当時（１９７８年）は、埼玉であることを隠していたような雰囲気がありました。巨人の渡辺恒雄オーナー（当時）に「あんなタヌキが出るような田舎に球団つくってどうすんだ」と口撃された折に堤義明オーナー（当時）は、「これからは球団経営もベッドタウンの時代ですよ」とうそぶきました。のちのバブルの寵児の不思議な説得力も手伝い、「なるほどこれからはそうなのか」という風潮のなかにライオンズは走り出しました。

その〝新しげな〟指針や斬新なデザインのユニフォーム（当時にしては）も相まって、ライオンズはどこか〝シティ派（当時の言い回しで）〟な空気を纏っており、埼玉を感じさせませんでした。というか、隠していたような気がします。「場所が埼玉なだけだよ。ほら、浦安にあるあそこもそうじゃん」といわんばかりに。しかしその姿勢は、それはそれで支持されていたように思います。〝東京のような〟球団を応援することは、埼玉県人にとってもどこか心地のよいものだったはずです。実際、よほどのプロ野球フリークでないかぎり、ライオンズの本拠地が埼玉であることを認知していない人も多いのです。ライオンズのファン域は、東京の北西多摩地区にも非常に多いのですが、埼玉とニアリーイコールな区域のくせに、どこか「自分たちは東京だから……」という面倒臭いプライドが宿っており、「（東京人の）俺たちが応援しているライオンズがどうか埼玉だとバレませんように！」と常に祈っていました。

ところが、ここへきての「埼玉西武ライオンズ」。なぜ……、なぜいまさら言う必要がある！とファンの皆がずっこけた。それは20余年来ファンクラブ会員の筆者も同様に。埼玉が恥ずかしいんじゃないですよ！　特定の在所を感じさせないカラーこそがライオンズであったのに……！（と自分を擁護しながら弁明してみる）。

5 維新のゴタゴタとともに県域の制定もうやむや？

近代の埼玉は、その県域を定めるまでに紆余曲折を経なければいけませんでした。江戸に近いことから、幕府や旗本の直轄領や各藩の飛び地などが数多く存在し、複雑に入り組んでいたことがその最たる理由でしょう。

開国を求める欧米諸国に対して効果的な対応ができなかった徳川幕府は、さらに、第二次長州征討によってその無力さを露呈してしまい、権威を低下させつつありました。この激動期、のちに埼玉を組成することになった武蔵国地域には、岡部・忍・岩槻・川越の４つの藩がありました（このうち岡部藩は１８６７［慶応３］年に三河に移行）。忍藩は10万石、岩槻藩は2万３０００石、川越藩は８万石という中小藩ではありましたが、いずれも親藩であり、藩主はときに幕閣の一員を構成する藩でありました。

いきなり脱線しますが、忍は埼玉県人なら知らぬ者はいない「うまい、うますぎる」でおなじみの「十万石まんじゅう」の城下町。そして大ヒットした時代小説『のぼうの城』の舞台としても、にわかに盛り上がりました。

▼「川越県」「入間県」「熊谷県」……

話を戻して、明治維新により幕府が倒壊し、1868年、「明治」という新元号になった明治元年の3月、幕府征討軍の関東入国から新政府が確立されるまでの関東地方は、支配者の交代により一時「無政府」状態に陥っていました。

武蔵国には新たに「県」が設置されることとなり、現在の埼玉県域では旧藩がそのまま忍県、岩槻県、川越県となります。没収された旧幕府や旗本、寺社領などは葛飾県、小菅県、品川県、大宮県（のち浦和県となる）などに改新されます。その後、1871（明治4）年に執り行なわれた廃藩置県によって、それぞれの県は統合され、荒川以東の地域が「埼玉県」、荒川以西が「入間《いるま》県」とされます。埼玉県の県庁は浦和に。入間県の県庁は川越になりました。

ややこしいですね。現在の埼玉県域に2つの県があったことまではイメージがつくかもしれませんが、入間県庁が川越にあったことがまた混同を呼びますね。さらにややこしいことに、入間県はその2年後に群馬県と統合され「熊谷県」となります。それに伴い県庁も熊谷に移ります。しかし、入間と群馬の統合はあまりにも地域性の相違や歴史、人種を度外視しているだろうという声があがり、熊谷県のうち旧武蔵国に属していた地域は再び分離されて埼玉県に編入されます。最初からそうすればいいのに。なぜ急に群馬をくっつけるかね。しかし、いまや1つの県として立派に存在している群馬県が、いまや1つの市でしかない熊谷に県の名を明け渡した事実は、群馬県人としては隠しておきたいヒトコマなのかもしれません。

▼もし予定どおり「岩槻」に県庁があったら

ちなみに当初の埼玉県の県庁は岩槻となる予定でしたが、堅牢な庁舎を確保することができず浦和に譲ったらしいのです。よからぬ外圧をかけられたという噂はあるものの、これは完全に岩槻の手落ちではないでしょうか。いくら岩槻が「人形の町」や伝統工芸などで町おこしをしようとも、県庁所在地以上のブランディングがあるとは思えません。元々知名度が低いうえに、政令指定都市・さいたま市として合併されたことすら周知されていません。しかし県庁があったら、岩槻の未来は変わっていたことでしょう。

これは筆者の勝手な自説ですが、浦和のような北区の延長上の〝ほぼ東京〟に県庁を配置するのではなく、それこそ忍（行田）や県庁着任歴もある川越や熊谷などのほうが埼玉独自のオリジナリティが創出できたのではないかと常々思っているのです（浦和の町が悪いと言っているのではないですが）。浦和から少し離れただけとはいえ、それは岩槻でも期待ができたというものです。ただ、「なんにもない埼玉」が県内外ともに固定概念となってしまった今となっては、「いやいや、埼玉の独自性とか推さなくていいし！」とか「東京の衛星都市でいいじゃん」と、むしろ地元民から叱責されてしまいそうですが……。

▼県知事が埼玉出身者ではない

さて、またしても脱線しましたが、廃藩置県の発令から約5年。このような紆余曲折を経て、ようやく現在の埼玉県域ができあがります。つまりここに至るまで、埼玉県域にはかつて4つの、いや2つの、いや3つの県が存在したのです。そして2つの、いや3つの県庁所在地があったのです。ああ、ややこしや。

一方、首都である東京はというと、廃藩置県の明治4年のうちに、サクサクっと府域を制定しました。この差は何か？　これは、日本の中枢となる東京府の領域を最初に定め、そこから他の地域の土地を振り分けるという形で、東京周辺の県域が決められたために起こった現象なのです。武蔵国は、いわば〝東京の都合〟で分離・分断そして制定されていったのです。

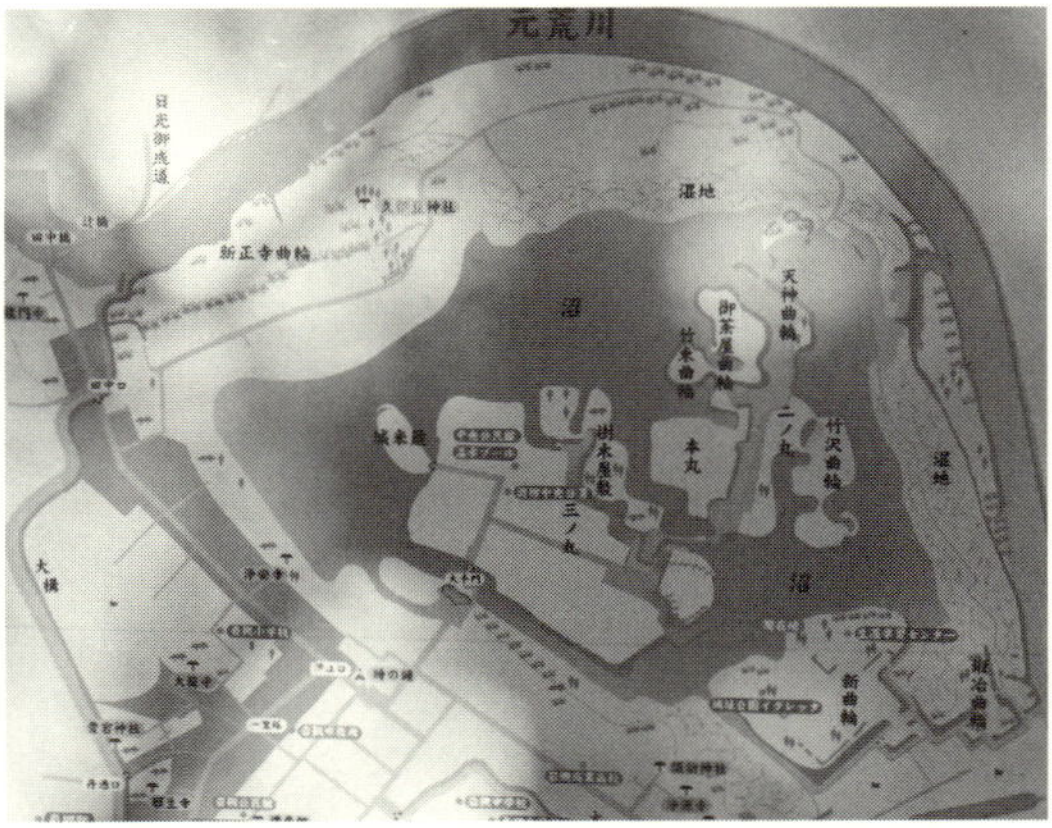

岩槻城ありしころの略図

忍・岩槻・川越の3藩の藩士は廃藩置県後どうしていたかというと、社会的身分を喪失してしまい、生活も困窮していました。それでもなお郷里にあって、政治・行政の担い手として活躍した者も少なくありませんでした。しかし、新しく埼玉県が発足された当時の県庁吏員（職員）の多くが、県外の他藩出身の士族でした。県庁吏員47名のうち、「本県士」の者は4分の1の11人で、しかも地位も必ずしも高いものではありませんでした。

新しい埼玉の基礎をつくったのは、2代目の県令（知事）、長州（山口）出身の白根多助でした。県民の利益を守るために政府に働きかけたり、県庁に多くの県民を採用したり、また、教育にも力を入れました。ちなみに初代県令は薩摩（鹿児島）出身の野村盛秀。初めて埼玉出身者が県知事になったのは43代目の大沢雄一でした。

のちにもふれますが、全国規模で政治・行政など社会的に活躍する士族がなかなか現われ出なかったのも、このようないきさつが起因になっているのかもしれません。

6 いろいろと「遅い」埼玉

県域を定めることに異様に時間を要しただけでなく、いろいろな事柄の決定や施策が「遅い」埼玉。

首都・東京のスピード感で！　とは言わないまでも、お隣なんですから、他県よりは早くてもいいようなものですが、そうもいかないらしく、お隣だからこそ後回しにされるのか。もしくは政治的な圧がかかり「遅れさせられている」のか。はたまた徳川時代の支配形態の名残りか……。ともかく近代に入っても、どうにも五里霧中な埼玉。その事例をいくつか見ていきましょう。

▼銀行設立は85番目

１８７１（明治４）年、廃藩置県の号笛が鳴るとともに、商工業の自由選択や農家の勝手作が認可されます。さらに地租が金納に変えられたことにより、農業は資本主義的な商品経済として変貌を遂げていきます。また、地方工業や特に埼玉では製糸業の発展がめざましく、公金取り扱いの拡散は金融機関の必要性を高めました。このような風潮もあり、明治政府は国立銀行条例を公布し、銀行設立を推めました。

とはいえ、おいそれと銀行を設立できるわけではない少々やっかいな条例ゆえ、当初は全国に4行しかつくられませんでした。しかしその後、国立銀行改定条例により設立条件が緩和され、それ以降のわずか2年間で国立銀行は全国に153行にも増加します。

さて、大消費地・東京と並び合う埼玉には、さぞ早い段階で設立されたのだろうと思いきや、埼玉における最初の銀行は、入間郡川越町（現・川越市）に設立された「第八十五国立銀行」でした。つまり、85番目。お、遅い……。というかビミョー。順位にして半分以下って、東京を隣にしながらいったいなにをボヤボヤしていたのでしょう。ちなみに、この銀行開業時（1878［明治11］年）の行員は6名しかいませんでした。

その後、高麗《こま》郡飯能《はんのう》村（現・飯能市）にも国立銀行設立計画があがりますが、許可されなかったそうです。おいおい……。その結果、1918（大正7）年に武州銀行が設立されるまで、埼玉に国立銀行は1つしかありませんでした。その間じつに40年です。

同じく明治維新後の政策で、かの有名な「地租改正」が全国で執り行なわれます。明治政府が財政基盤を固めるために行なった租税制度改革で、この改革により日本にはじめて土地に対する私的所有権が確立しました。

埼玉では1876（明治9）年の5月から明治13年にかけて実施されました。

地租改正の条例が発布されたのは、明治6年ですから、埼玉の地租改正事業は全国でもきわめて遅いほうでした。しかも、作業は遅々として進まず、4年以上もの年月を費やしました。

▼「自治体」になったのは維新後30年

すでにふれたように、ほぼ現在の県域での埼玉は、度重なる統廃合の末、1876（明治9）年に成立しましたが、同時に県内の行政組織について、政府の姿勢に準じつつも、試行錯誤を繰り返していました。そのなかで全国のなかでも後れを取ったのが、「郡制・府県制」でしょう。郡制・府県制とは、国会開設に先だつ1890年（明治23）年に制定された日本の地方行政制度。それまで府県や郡はまだ、行政区画にすぎませんでしたが、これにより、府県と郡は初めて自治体としての組織と機能を持ちました。

埼玉では郡制は1896（明治29）年、府県制はその翌年から実施されました。この時点で国による制度の発布から6〜7年経っているわけです。このように全国的に見ても遅れたのは、大里《おおさと》郡に統合を予定された榛沢《はんざわ》郡（現・深谷《ふかや》市あたり）の有志が、男衾《おぶすま》（現・深谷市・熊谷市・小川町あたりの一部）・幡羅《はたら》（現・深谷市・熊谷市の一部）・児玉《こだま》（現・本庄市の一部）の一部と合併して独立した郡となる計画を言い立てたからなのです。「明治の大合併」とでも言いましょうか、ほかにも郡制の施行には県内に反対の声が強く、このことも実施の遅れを招いた原因と言えるでしょう。

ただ、この「遅れ事例」に関しては、東京との因果関係は薄いと思われます。

▼朝ドラの舞台アンカーにして80作目

きわめつけは、急に現代になりますが、ＮＨＫ「朝の連続ドラマ小説」の『つばさ』。祭しのよい埼玉県人なら苦笑する話題でしょうか。

ご存じ「朝ドラ」は、毎回実存する地域を舞台にしております。ですが、どこでもいいというわけではありません。気候や風習、歴史、食べ物や祭りなど、「ネタ」がないとお声がかかりませんし、シナリオもできません。しかし、取り上げられるとなったら、それはもう町は大騒ぎです。

〃国営放送〃ＮＨＫの一大ブランドである朝ドラの影響力は今なおすさまじく、町にとってもこのうえない観光ＰＲになっていることは間違いありません。町のいたる所にはドラマのポスターが貼られ、関連グッズが発売され、ドラマが始まれば町に観光客が押し寄せます。ＮＨＫ側も不公平がないようにと（？）、全国各地をまんべんなく舞台に取り上げます。明るい話題が各地に分散することはいいことですね。で、さて、埼玉にはどこにきたんでしょうかね、朝ドラ。

ときは１９９２年初秋。朝ドラ47作品目『おんなは度胸』（橋田壽賀子・作）が終わろうとしていました。当たり前ですが、日本は47都道府県。そして朝ドラは47作品目。このときの埼玉県人の心情を勝手に代弁してみると「47回やっても埼玉こなかったなぁ……。ま、あ、やっぱり東京とか大阪、北海道とかネタの多い所の作品が何度かあったしね。まだ埼玉以外にもやっていない県もあ

川越の蔵造りの街並み。いまや年間約650万人が訪れるほどに

るしね。うん……」

それから15年もの時が経ち２００７年、福井が『ちりとてちん』の舞台となり、いよいよ残すところ、島根と埼玉だけになってしまいました。しかし、福井、島根、埼玉……。なんとも、〝なんとも〟な県が残っていたものです。

さて、もうオチは読めていますね。島根は２００８年『だんだん』で先にテープを切り、埼玉はアンカーとなってしまいました。かくして２００９年春、『つばさ』の放映が開始されます。じつに朝ドラ80作目！　あやうく日本を1往復しちゃうところでした。ＮＨＫ側も苦心したことでしょう。

「（中堅）さて、次の朝ドラの舞台ですが。次は我が東京制作ですね」

「（部課長）うん、まあまた東京の下町とか、久しぶりに信州もいいかもね」

「（真面目な新人）ちなみに今回の島根が終わるとあと埼玉だけですね、やってないの」
「（一同）えっ!?」
ざわ、ざわ……。「埼玉?」「さいたま……?」「ていうか、まだやってないとこあったんだ……」「埼玉ってなにがあるの?」「浦和?」「レッズ?」。そんな会議が邪推されます。いかに埼玉にネタが……、いや、満を持してですよね。栄えある大トリですよね!

▼『つばさ』羽ばたかず

そして、選出された町は小江戸・川越。まあ妥当なセンでしょう。筆者は秩父でもよいかと思いましたが、ヒロイン（多部未華子）が身を置く居場所を設定するのが難しかったか。川越なら和菓子屋の娘にすればいいか、と。まあそういったところでしょう。さぞ、傾きかけた和菓子屋を立て直す奮闘劇かと思いきや、ヒロインの拠点はＦＭラジオ。和菓子屋で奮闘する一幕もなくもなかったですが、コミュニティラジオ局って！　埼玉じゃなくてもいいじゃないか。

ラジオ局にばかりいるものだから、せっかくの川越の風情ある情景の描写も中途半端だったように思います。家庭内のドタバタシーンや盛り上がる場面で無意味にサンバダンサーが大挙してきたりする過剰にコミカルな演出は「テンションが高すぎる。うるさい」という地元の声が多かったそうです。

しかしそれ以前に、おっとり系とされる県民性や郷土に対する熱の低い風土と、そのテンションの高い演出が妙に空回りしていることに気恥かしさを覚えた県人もいたことでしょう。筆者はしばしば目をそむけたものです。「ラジオの精（イッセー尾形）」や「川越キネマの住人（ローリー寺西）」なる突飛なキャラクターの配置もじつに埋め草的で、埼玉の「なんにもなさ」をより助長していたように映りました。

お気づきかもしれませんが、筆者は「超」が付くほどの「朝ドラ・ウォッチャー」。物心のつきはじめた1989年『和っこの金メダル』あたりから現作まで1作も逃さず観てきました。それゆえに厳しい目線で批評させていただいていますが、それ以上に、他ならぬ埼玉だからこそ、『つばさ』には期待が大きかったのです。それだけにガッカリ感が増長するばかりでした。そしてその想いは多くの埼玉県人も共有していたことでしょう。

それが証拠に、『つばさ』の平均視聴率13・8％は、それまでの最低値（『瞳』の15・2％）を下回り、過去最低を記録してしまいます。しかも、平均視聴率が15％を下回ったのは朝ドラ史上初、という不名誉なオマケ付きです。

ただ、その次の『ウェルかめ』（徳島）がさらにその記録を塗り替えますが……、ホッとしている場合ではありませんぞ。『ウェルかめ』は『つばさ』がもたらした下降気流の煽りをモロに受けてしまったとも言えるでしょうから。埼玉県人はいますぐ徳島の方向を向き「なんかごめんね……」と軽く陳謝しておきましょう。

▼ビミョーな町のキャッチフレーズ

ドラマを観ていなかった方にはいよいよもって関係のない話になってきますが、もう少しだけ。15分間のドラマの最後に5秒間だけ埼玉各地の市町村を紹介するヒトコマがあるのですが、このコピーが個人的にはツボだったので、最後に紹介したいと思います。

真面目なところだと——
蕨市「江戸時代から続くウナギの味、和楽備《わらび》茶漬けで町おこし！」
日高市「昔ながらの醤油作り、神職が守り継ぐ築400年の古民家」

なんかとっ散らかっていたのが——
所沢市「アツアツの焼だんご、華麗なるヒコーキ野郎、オレたちひょうたん族、口伝の祭り囃子」
越谷市「新名物！　鴨ねぎ鍋、鼻高々なだるまさん、愛ラブ兜、彫刻刀ひと筋に鍛冶職人、第二の人生はカントリーロード、畜産はたくさんの愛情をこめて」
さいたま市「目指せ!!　Jリーガー、サッカー大好き！　盆栽に夢を見つけて、小さな園の大きなクマキチ、晴れの日を撮りつづけ、わが町のオグリキャップ、尺八で懐かしのメロディー、素材（チタン）は硬いがアタマは柔らか」

たぶん2秒で考えたのが——
ときがわ町「しいたけをあなたに」
八潮市「白玉粉製造」
本当は全部紹介したいところですが、このへんで。
しかし、大合併のさいたま市は言いたいことがありすぎてカオスな印象になってしまっていないか心配です。

「鉄道の町」大宮にある人気スポット
鉄道博物館（写真：埼玉県観光課）

7 鉄道も通過されるだけか軍事目的？

▼鉄道の町「大宮駅」は意外と後発

日本の交通網、とりわけ鉄道・道路の幹線は、東京を中心として地方に向かってつくられていきました。そして、埼玉県はいわばこれらの通過県にあたりました。これら交通機関をつくるとき、関心は、「地方としての埼玉」ではなく、東北などのより遠い「地方」であり、埼玉の利害は第二義的なものでありました。

埼玉に初めて鉄道が敷かれたのは、1883（明治16）年。日本鉄道株式会社（日本初の私鉄であり、東日本の路線の多くを建設・運営していた会社）が、上野～熊谷間で営業を開始しました。このときに設けられた駅は上野・王子・浦和・上尾《あげお》・鴻巣・熊谷の6駅。そう、いまや埼玉の「鉄道の町」と言われる大宮駅はまだありません。しかし、地元の有志が関係各方面に働きかけたことや、建設費の諸事情などにより、東北線が引かれる際、高崎線との分岐点となる大宮駅の誘致に成功するのです。ただし、日本鉄道および国としては、分岐点に大宮駅を設けたのは決して埼玉の利害を考慮してのことではありません。

▼新幹線開通に反対

また、新幹線設置にあたって、埼玉が反対したときは「新幹線はあくまで地方と東京を結ぶものであって、埼玉県民のためにならない」という感情がありました。無慈悲な言い方をすれば、埼玉はただズカズカと踏み荒らされるだけなのです。埼玉にとって線路の敷設はなにも利潤がない、いわば東京と他地方に線路用の土地を献上するようなもの。大事な深谷ネギの農地を、狭山茶の茶畑を、シラコバトの安息地をみすみす差し出すのです。土地だけならまだしも、それにともなう騒音、工業用水などによる公害、立ち退き、景観損壊などは、当時の埼玉にとって損害以外のなにものでもなかったことでしょう。

ちなみにこの新幹線抗争は、新幹線政策側から「通勤新線を開業する」という構想を提案され鎮静します。つまり、「新幹線通させてよ。その見返りにさ、埼玉から東京への利便性を高めるための専用の線路つくるからさ」というもの。

新幹線反対運動の主となっていたのは旧浦和市、旧与野《よの》市、戸田市の住民。その見返り電車こそ、現在それらの地域を走る埼京線なのです。「通勤新線ねぇ……。ふうん。それならいいよ。うん」

とほくそ笑んだかどうかはわかりませんが、事態は軟化し、1985（昭和60）年、埼京線が開業します。そう、この話は明治とかではなく、じつはつい最近のことなのです。

そして埼京線は今日も朝から乗車率100％超。まんまと（？）見返り電車に飛びついている格好になっているのです。「駆け込み乗車はおやめください！」。駅員の怒笛がホームに響きます。まあ抗争の末勝ち取った線路ですからガラガラよりはいいのでしょうけどね。


話を戻しますと、日本鉄道はあくまで東京～青森間の敷設をすることが第一義でした。しかし、地元有志の尽力によりなんとか熊谷までの開業にこぎつけたのです。鉄道にかぎらず、国が大きな公共施設をつくるとき、多くの場合、埼玉は設置の対象になりませんでした。東京に設置されたら、同種のものを近郊県につくる必要がなかったからです。

大正時代後期に高等教育機関である旧制浦和高等学校を招致した際、県民は多大な努力をはらいました。とにかく県側から強くアプローチしなければ、〝中央〟では埼玉の名は議題にも挙がりません。つまり、国の計画の対象になりにくい県だったのです。連隊の招致にもいくたびか尽力しましたが、ついに実現されませんでした。

このようなことからも長い間、埼玉は文化の中心を持たず、むしろ東京に依存していたのです。いや、せざるをえなかった、という言い方のほうが正しいかもしれません。

▼八高線は軍事目的だった

1906（明治39）年、日本鉄道の東北線・高崎線は国営鉄道（JR）に移管されます。それから、なんと昭和に入るまで、埼玉に国営鉄道の新設はありませんでした。1930（昭和5）年に、東北線の赤羽～大宮間が電化されますが、それも関東大震災の発生した1923（大正12）年を境に、東京で被災した人びとが埼玉の特に南部に移り住んだためであり、その対応としての電化でした。

埼玉にようやく新しい鉄道が敷設されるのは1931（昭和6）年のこと。倉賀野・児玉間の八《はち》高《こう》線が開通します。しかし、この敷設が帝国議会で可決されたのは1920（大正9）年なのです。開通におよぶまでじつに11年。国の重い腰を上げるために東奔西走した関係者の苦労がしのばれます。

その後、全長96km（当時）全線開通した八高線は、県西部地域の各種産業の発展に資するものと考えられましたが、それ以上に国は八高線を軍事目的として敷設した側面もありました。すなわち、『新編・埼玉県史』（資料編22）によると「東京市における輸送能力が現在以上の増加を危険なりとする場合、東京を通過せずして横浜港から裏日本の新潟方面に直通」させるもの、しかも「表日本の太平洋と裏日本海を日本全土を最短距離で結びつける」とのこと。つまり、横浜でこしらえた軍事資材は表立って首都部を通さないで、こっそり（?）埼玉および新潟に送ろうね、という狙いでしょうか。このような時代背景もあり、八高線は「国防線」としての意味合いが強く、結果、沿線地域の産業発展は後手後手になっていったのです。

この八高線や東北線のように、まず南北に敷設がうながされたことには、東京と地方をつなぐ目的や軍事目的などが絡んでいましたが、元来、埼玉は、江戸時代以降、五街道に数えられた中山道と日光街道のほか、日光御成街道や川越街道など、江戸とを結ぶ重要な街道や、河川や運河を利用した水上交通が発達していました。

なので明治時代以降も、これらの街道に沿って東京へ向かう道路と鉄道が整備され、特に県を縦断する南北方向の交通が充実していったのは当然のなりゆきともいえます。ただ、そのため、横に連ねる交通機関の発達が遅れたことが、埼玉県人の求心性を失わせる要因になったともいえるでしょう。

▼川越中心地で「駅」が交わらない問題

県内において本格的に東西を結ぶ鉄道ができたのは、1940(昭和15)年。川越線が開通します。川越線は東北線・大宮駅から八高線・高麗川《こまがわ》駅を結び東飯能《はんのう》に至る、全長36㎞余(当時)の鉄道。しかしこの線も八高線の開通時と同じく、沿線の産業発展に寄与することが期待されていましたが、それ以上に国防上の意味が考えられていたそうです。つまり、この線の敷設によって、八高線の東飯能・八王子間および横浜線の八王子・東神奈川間の既成路線とあいまって、大東京を包む環状線を構築し、東北・中央および東海道の諸幹線を連ねる新たな輸送路を開くもので、東京付近の過密した輸送を緩和することに力点が置かれていたのです。

こうなるともう「南北線だから＝軍事目的」という因果も関係なくなってきますね。地域学研究者としては「こうだからこうである」という因果関係を示したいのですが、当時の風潮は、なんでもかんでも無理やり結びつけるので……。70年以上経ったいま、俯瞰しても結論を導くことができないほど、当時埼玉が受けていた内圧や外圧はすさまじいものだったのだと推察されます。

ここで川越線ウンチクをひとつ。川越線はじつは、１９４０年より3年前に開通する予定でした。この遅延には諸説ありますが、１つには、川越市内に西武・東武・国鉄の3駅を合同する形で新駅をつくる計画をめぐり、地元民のなかに反対があり、調整に手間どったからなのです。結果、新駅はつくられず、中央となる駅ができなかったことで、川越市１００年の大計はつぶされることになりました。現在この3社は、本川越（西武）・川越市（東武）・川越（ＪＲ）とそれぞれの駅を持ってしまっており、これらの合同は今日も川越および埼玉の大きな課題となっています。

川越線は敷設当初、利用率が芳しくなく、昭和30年代には廃止説すらささやかれていました。これも、人および貨物が依然として東京に向かって流動していたことにあります。ちなみに、この川越線の敷設以後、１９７３（昭和48）年のＪＲ武蔵野線が開通するまで、県内には国鉄線の敷設はありませんでした。

第2章 他県にふれてほしくない埼玉のデリケートゾーン

1 県庁位置をめぐる仁義なき争い

埼玉県人、特に県庁所在地のさいたま市民が苦笑いを浮かべる話題の1つに「県庁位置をめぐるいがみ合い」があります。

県庁がどこに置かれるかはどの県民にとっても、大きな関心事です。ことに埼玉の場合は、度重なる統廃合の末、現在の県域が定まったこともあり、のちのちまで県庁位置をめぐる紛糾は地域的対立を含んで繰り返されました。

第一章でも少しふれたように、明治期に「元祖・埼玉県」が成立したときは、岩槻に県庁が置かれる予定でした。表向きは「庁舎が確保できなかった」「庁舎に支障があった」ということで浦和の庁舎が使われることになったのですが、じつはこの「支障」とは土地の確保や庁舎の老朽化などではなく、旧岩槻藩士が他藩の人間に乗り込まれることに反対し、県庁の予定地であった香林寺の住職に圧力をかけていたのでした。この軍勢に身の危険を感じた県令（県知事）の野村盛秀が岩槻への赴任を避けたのです。

岩槻が県庁所在地だったら、岩槻の未来は間違いなく変わっていたのに……、と第一章で述べたものの、筆者はこの事実を知ったとき、埼玉の中心地にもちゃんと気骨のある士がいるじゃないか！　と胸が熱くなりました。

一方、〝もう1つの元祖・埼玉〟「入間県」の県庁は川越に、そののち成立した「熊谷県」の県庁は熊谷に置かれますが、熊谷県は廃止され、前出の「埼玉県」と「入間県」域が統合し、現在の県域になったため、結果的に残っていた浦和庁舎がある浦和が県庁所在地となります。しかし、県庁を奪われた形となった熊谷は黙ってはいません。その後もたびたび県庁誘致（熊谷にとっては「奪還」という感情でしょうか）運動を繰り返します。第二次世界大戦後の１９４８（昭和23）年に、県庁移転の計画が具体化したときも、むろん、熊谷は手を挙げます。しかしこのときは、県会でわずかな差で浦和に屈します。

いまでこそ浦和に県庁が置かれていることは違和感なく思えますが、県全体からみると合理的というよりも、歴史的惰性にもとづいているだけでは？　という見解もあります。

さて、熊谷や川越との招致合戦は前哨に過ぎないと言ってもいいでしょう。現代においては県下最大の都市を自認する大宮とのせめぎ合いが依然、県庁位置問題をこじらせています。

どちらが県都としてふさわしいか？　「浦和vs大宮の不毛ないがみ合い」と地元民にも揶揄され

るフリクション。さて、まずは、それぞれの役割や合併におよぶエピソードを紹介しましょう。

▼浦和vs大宮――県庁編

大都市が周辺の市町村を吸収する、というのはよくある合併悲劇ですが、浦和と大宮の場合は、どちらも大都市。ほぼ同格という関係であり、珍しい形のまさに「大合併」でした。ほぼ同格、というのは人口的な側面であり、町の果たす役割という面では、まったく異なっており、浦和は県政の中心地にして全国でも有数の文教都市。一方大宮は「鉄道の町」の異名どおり交通の要衝にして県内最大の商業都市。政治と商業、教育、交通、どれが格上というものでもなく、またどちらも県内における重要都市であることには変わりないのですから、「格」としてはほぼ互角の勝負を繰り広げていたわけです。アメリカのニューヨークとワシントンのような関係と言えばよいでしょうか。お隣の群馬も似ていますね。商業・交通の高崎に対して行政の前橋。

はたから見れば、相互補完で、手を取り合って発展したように見える両者ですが、内情をよく知る関係者にはこの見解は否定されることでしょう。そして、それはどちらかというと大宮のほうから強く……。

この項は、あえて廃藩置県後に成立された「埼玉県」の話からはじめていますが、じつは、その前に浦和と大宮には〝遺恨の礎〟があるのです。それは、大宮がかつて「大宮県」であった1869（明治2）年まで遡ります。

明治維新、倒幕ののち、現在の大宮、浦和あたりが「大宮県」として編成されました。当時の大宮は中山道の宿場町「大宮宿」として、また氷川神社の門前町として栄えていたこともあり、当然県庁も大宮に置かれる予定でした。しかし、政治的なもんちゃくもあったのでしょう、いっこうに庁舎は建てられませんでした。そうこうしているうちにお隣の浦和宿や川口などが名乗りを上げ、なんとその年のうちに県庁は浦和に置かれることになり、それに伴い県名も「浦和県」となります。「大宮県」の称号はほんのわずかの間のことでした。浦和にとっては儲けものかもしれませんが、大宮は心中穏やかではありません。以後大宮は虎視眈々と県庁の座を狙いにかかります。

第二次世界大戦後の移転計画に熊谷が負けたことは前述しましたが、大宮も参戦していました。そもそもこの移転計画が持ち上がったのは浦和庁舎が全焼したことに起因するのですが、じつはこの大火事、「不審火」といういぶかしい説があり、大宮か熊谷による政治的な意図を含んだ放火だったのでは？　という噂が囁かれたりもしました。真相は闇のまま、誘致合戦は繰り広げられましたが、前述のとおり、この決戦でも浦和は手練手管で勝利を収めます。

▼浦和vs大宮——市役所編

どうしても政治の中枢を手に入れたい大宮は、次の手に出ます。

3市合併による「さいたま市」誕生が現実味を帯びてきた2000年。大宮は「新市名は大宮市に！」と誓願書を掲げます。このときの大宮の言動はかなり横紙破りだったようです。方々が大宮市案の取り下げを求めますが、今度は「じゃあ、新市の市役所は大宮に！」とまくし立てます。県庁がダメなら新市役所を、というわけです。もう恥も外聞もありません。しかし、大宮なりの主張はあるわけで、①合併後に中心地となる「さいたま新都心」エリア（つまり大宮区域）こそが新市役所にはふさわしい。②もしくは上尾市・伊奈町も合併に加わった場合、新市の地理的中心地は大宮なのだから大宮につくるべし。この二段構えで、市役所奪取を狙っていきました。

しかし、上尾市・伊奈町が合併から離脱したことや「県庁があり、行政の中心地である浦和に市役所があるのが最も適切では？」という声が多くを占め、新市役所は旧浦和市役所を流用することになりました。

このような屈辱の歴史もあり、大宮は「積年の恨み」とばかりに「でも大宮のほうが栄えてるよね」「おたく新幹線止まらないよね」などと、ことあるごとに浦和のプライドを蝕むのです。一方、浦和も「でも県庁はウチだし」や「埼玉が誇るトップブランド・浦和レッズの本拠地だし」と応戦しますが、町の規模を引き合いに出されると、表情が曇ります。現在は浦和駅前もかなりの発展を見せていますが、県下最大の都市・大宮と比較されては致し方なしといったところでしょう。

こうして、両者のいがみ合いは現在も絶えることなく進行中。県庁位置問題も今後も発生する可能性があると目されています。

2 「さいたま市」というネーミングは〝やっちゃった〟のか？

前項でもさいたま市誕生にまつわる話題に少しふれましたが、この県史上最大の合併について、ここでもう少し深掘りしてみたいと思います。この合併におよぶイザコザや絡みまくりな利権、そして「さいたま市」というネーミングは埼玉県人にとって最もホットなデリケートゾーンと言えるでしょう。

▼机上の合併物語

のちにさいたま市となる「大都市地域を形成しよう」という計画が持ち上がったのは、1980年。さいたま市誕生の21年も前になります。前項で述べたとおり、浦和と大宮、上尾、伊奈に与野が合併市町村候補となり「さいたまYOU And I」プランなる埼玉中枢都市圏構想を策定します。与野（Y）・大宮（O）・浦和（U）・A（上尾）・伊奈（I）の頭文字をとって「YOU And I」。

じつに埼玉らしいネーミングセンスに好感が持てるのは筆者だけでしょうか。ようは、政令都市を実現しようという計画がこれ。

大都市構想計画に国のバックアップも手伝い、合併は現実味を帯びてきますが、5つもの市町村がそうやすやすと結託するわけがありません。ましてや、現在のように合併が乱発する前の時代ですから。

まず、これも少しだけ前述したとおり、上尾と伊奈町が離脱します。この時点で早くも「And I」が欠け落ちてしまいます。「どうすんだ！　このネーミング。いろんなところに配って冷笑されただけじゃないか！　さらに2市町が離脱するなんて恥の上塗りだ……」という声が方々から漏れたとか漏れないとか……。

まず上尾が降りた理由としては諸説ありますが、上尾市長が合併を嫌ったという説が有力です。上尾市長は合併に際して「無条件での合併はしない」という姿勢で、その条件とは「京浜東北線か埼京線を市内に延伸すること」というものでした。既成のましてやJRを延伸することは夢物語に近く、つまり、ほぼ不可能な要求を突き付けることで、事実上市長は、合併を避けたかったのではないかという見解があります。

もう1つの説は浦和による思惑。上尾と3市のうちの大宮が合併すると、新市（さいたま市）の中心が地理上、大宮になってしまいます。ましてや町や駅の規模、各所のアクセスのよさを考えれば、「これを機に大宮に県庁を」という話が挙がらなくもありません。それは浦和にとって、絶対に阻止しなければいけませんでした。大宮が県庁を奪取できなかった理由に、このような働きかけがあったとしたら、それは大宮にとって許しがたい事実となるでしょう。

上尾が撤退したことにより、見事にとばっちりを受けたのが伊奈町。なにせ地理的に上尾が3市とジョイントしてくれないと、ただの飛び地になってしまうからです。こうして伊奈町もあえなく撤退したのです。

▼県庁所在地として初めての「ひらがな」市

そして与野・大宮・浦和（YOU）で念願の合併を果たし「さいたま市」が誕生。しかし、ホッとしたのも束の間、市民からクレームが相次ぎます。なんのことかと鳴り響く電話をとれば、市名のネーミングについて。「ダサイ」「アホっぽい」「幼稚な感じがする」「ますますダサイタマと言われる」など。さらに市内に新設された区名でもひともんちゃく。「桜区」「見沼区」「中央区」どこがカッコイイだの悪いだの……。

市民の憤りはネーミングセンスのことだけではなく、それが市民の総意でないのになぜ採用されたのか？　というところにも募っていました。つまり、「公募」で最も投票が多かったのは「埼玉市」だったのです。これは2位の「さいたま市」と倍近くもの差があり、圧倒的1位でした。このことにはいちおう理由があり、「埼玉」という名は元来、行田あたりの発祥であり、さいたま市に入っていない行田の名称を使うのはいかがなものか、というのがお役所的判決。これは実際、行田から〝審議〟が入ったそうです。

「さいたま市」はその繰り上げで当選しますが、それにしても公募の意味がない。そのいきさつのあげく市民に叩かれまくるとは、なんとも同情にたえません。ちなみに3位は「大宮市」で、２位の「さいたま市」と僅差でした。大宮としてはあと僅かで起死回生のチャンスを逸し、なんとも口惜しい結果となりましたが、「もしかしたら浦和による投票数詐称などの裏工作があったのでは……?」とつい疑いの目で見てしまうことも、この項の流れでは許される邪推でしょう。

とはいえ、さいたま市の誕生以後、全国あまたの合併市町村がひらがなを採用している（福島県いわき市、宮崎県えびの市など）傾向を見ると、あながち間違った選択ではなかったのかもしれません。むしろ先駆者だったのかもしれません（?）。

▼彩（サイ）の国って……

筆者個人としては、「彩《さい》の国」のほうが、どうにもこそばゆい思いがします。この名称は、埼玉のイメージアップを推進するために時の県知事・土屋義彦が１９９２（平成４）年、公募により選定したキャッチコピー。筆者がまだいたいけな中学生のころでしょうか。テレビ埼玉（現・テレ玉）で、このコピーを波及するためのＣＭが流れるたび「ひやっ」としたことをいまでも覚えています。実際、埼玉県人からの評判もイマイチのようで、歴史的必然性のない一部の文字を語呂合わせにした造語であるために、かつて東日本旅客鉄道（ＪＲ）が失敗した「Ｅ電」のごとく、「彩」の字を付けたネーミングはいまだ県内外に普及していないようです。

しかし、「彩のかがやき」(県産米)、「彩の国黒豚」、「彩たまご」など一部の県内産ブランド食品が「彩」に便乗している動向もあります。近年の「彩」付き商品でめざましいのはフルーツゼリー「彩果の宝石箱」。県内はもちろん全国の三越を中心に、百貨店に出店し、全国区のブランディングに成功しています。日本橋や銀座、恵比寿にも出店しており東京のセレブ層に受けている模様です。ただ、この「彩」が埼玉(彩の国)の「彩」だと気付いていない方も多いらしく、まあ良くも悪くもそれだけ「彩の国」のコピーが浸透していないということでしょう。

この「彩」が1人歩きしてしまったケースもあります。あろうことか「彩」が動物の「サイ」に変換され、サンリオの地域限定商品「ご当地キティ」のモチーフにされてしまったのです。「ご当地キティちゃんがサイ(動物)のかぶりものをして球に乗ってるだけだったのが、この上なく許せなかった」とは埼玉出身の20代女性の弁。

ちゃんとこれ以外にも草加《そうか》せんべいバージョンや秩父夜祭バージョン、さつまいもバージョンもあるのでご安心を。いくら「埼玉はなにもない」と揶揄されるからとはいえ、ご当地キティが埼玉に生息もしていないサイバージョンだけで終わるのは悲しすぎますからねえ。

3

偉人が輩出しない土地柄

埼玉には傑出した人物が乏しいとされています。引き合いに出されるのは、渋沢栄一・塙保己一・畠山重忠の3人ぐらい。いや、「3人だけ」と言ったほうが正しいかもしれないほど、他府県にくらべ列挙される人物が少ないのです。

▼とにもかくにも渋沢栄一

このなかでも一番に名前が挙がるのは実業家の渋沢栄一。これは「埼玉だから」というわけではなく、渋沢栄一は全国的にも名の通った人物といえます。深谷出身の渋沢は、幕末ごろ一橋家に仕えて幕臣となり、その後、パリ万国博覧会幕府使節団に加わって渡欧。維新後は、大蔵省官吏を経て第一国立銀行を設立するなど各種の会社の設立・経営に参画し、実業界の指導的役割を果たしました。「田園調布」を発案したり、「Bank」を「銀行」と邦訳したのも渋沢。日本の財界を構築し

「日本資本主義の父」の異名をほしいままにしていました。

渋沢の生家は埼玉が誇る第一次産業の1つである養蚕業者で、藍玉の製造販売や米、麦、野菜の生産も兼営する〝豪農〟でもありました。原料の買い入れと販売を担うため、一般的な農家と異なり、常に算盤をはじく商業的な才覚が求められた渋沢。14歳の時には単身で藍葉の仕入れに出かけるようになり、この時の経験がヨーロッパ時代の経済システムを吸収しやすい素地をつくり出し、のちの現実的な合理主義思想につながったといわれています。「日本資本主義の父」にまで上り詰めた人物の素養は、埼玉であったからこそ培われたものだと言っても過言ではないでしょう。

現在、埼玉では渋沢の功績を顕彰するため、渋沢の精神を受け継ぐような優れた経営者に贈る「渋沢栄一賞」を設立しました。

渋沢栄一（写真：国会図書館HP）

▼総理大臣もいない

政治界で国政をリードする人物をいまだ輩出していない埼玉。「有名人がいないよね」は埼玉県人にとってデフォルトでデリケートな話題なのですが、その上に「総理大臣出していないよね」を乗せられると、まさに傷口に塩を塗られる思いなのです。千葉出身の野田佳彦どじょう内閣が２０１１年に誕生したことで、南関東で総理大臣を生み出していないのは、もはや埼玉だけとなってしまいました。またか……、朝ドラの舞台に続き、またアンカーか……。ましてや「永遠のライバル」である千葉に先を行かれたのですから、これは心中穏やかではありません。

しかしこれには少なからず理由があります。埼玉県政は、昔から同程度の名望家の集団によって営まれてきました。その名望家の間に適度な交代原理が働いて、特定の人物のリーダーシップの働く余地をせばめてきたのでしょう。また、好適な人材がいないときは県外から引っ張ってきたりもしました。良くも悪くもこれは東京が近いため可能であったといえるでしょう。

また、これは偉人の輩出とは無関係かもしれませんが、とにかく地元内の選挙への関心が薄い。選挙の投票率の低さは北関東でも有名で、群馬、栃木、茨城、埼玉という順番が常。ちなみに南関東では千葉の投票率が低いのですが、その千葉の投票率よりも下回ることがしばしばあります。このような数字で表われてしまう要素も「埼玉には魅力ある人材がいないのかな」「愛されてない県なのかな」と対外的に思われてしまう所以であるでしょう。そしてそれがいつしか「郷土愛の薄い埼玉」というイメージにすり替わってしまったのです。

▼ビーチ(?)ボーイズ

文化・芸能・スポーツ分野では、じつは〝隠れ〟埼玉出身者があまたいます。〝隠れ〟というのは、埼玉出身であることを隠しているケース。小学校～高校という「出身」と言うに相応しい時代を埼玉で過ごしているにもかかわらず、ただ出生地が東京であっただけで、「出身＝東京都」と、しれっと公式ホームページに載せてしまう芸能人が後を絶ちません。しかしここで「この人がそうである！」と名指しするのは、名誉を棄損する恐れもあるので、参考程度に列挙してみましょう。

まず俳優部門では、竹内結子、菅野美穂、反町隆史、竹野内豊あたりでしょうか。うしろの元祖イケメンの2人なんて、『ビーチボーイズ』という月9枠のドラマでW主演を張り、ストーリーそっちのけで、とにかく男前の押し売り。都会や湘南とかにいるハンサムとはこうだ！　どうだ！　お手本にしやがれ！　まいったか！　という内容でした。つまり当代の色男代表選手。その2人が埼玉出身なわけです。しかも舞台はビーチで、ビーチボーイの雛形を演じていたわけですよ。「海なし県」出身の御仁が。いや、決して2人を非難しているわけではなく、すごいでしょう？　埼玉県人のポテンシャルと人材は、と言いたいのです。列挙するつもりが、いきなり脱線してしまいましたが。

あと、俳優ですと藤原竜也。この人は埼玉出身であることを公言している場面をちらほらお見受けするためか、地元民からも支持率が高いような気がします（完全に私見ですが）。

タレント・お笑いでは、YOU、所ジョージ、太田光（爆笑問題）、春日俊彰（オードリー）、設楽銃（バナナマン）。所ジョージの「所」は出身地の所沢からとったことはあまりにも有名。オードリー春日も所沢出身で、西武球場でアルバイトをしていました。バナナマン設楽は高校卒業後、西武鉄道に就職し、小手指駅で駅員をしていましたね。

ジャニーズにも埼玉県人が少々。草彅剛（ＳＭＡＰ）、山口達也（ＴＯＫＩＯ）、森田剛（Ｖ６）。そしていまや俳優のイメージが強いですが、「モッくん」こと本木雅弘（元・シブがき隊）は桶川《おけがわ》出身。２００９年に『おくりびと』でアカデミー賞外国語映画賞を受賞した功績が認められ埼玉県民栄誉章を受けたことは記憶に新しいですね。

アイドルで言えば、ＡＫＢ48にも「こじはる」こと小嶋陽菜や「まゆゆ」こと渡辺麻友など、筆者が調べたかぎり11名いるようです。ＡＫＢ11ならぬＳＴＭ11の完成です。なにをもって完成としてるのか自分でもわかりませんが。

▼なぜかキャスターが多い

スポーツ部門では中澤祐二、川島永嗣をはじめサッカーで大成している選手が多数。静岡に並ぶサッカー王国の実力が垣間見えます。あとは、Ｆ１の鈴木亜久里、そしてなんといっても今をときめくゴルファー・石川遼。

歌手では、尾崎豊、CHARA、高見沢俊彦など。文化人では、蜷川幸雄、森村誠一、久米宏。ほかに、高校時代だけですが、埼玉に所縁のある人物に、関口宏、みのもんた、古舘伊知郎、佐野元春、細野晴臣などがいるのですが、これら全員が立教高等学校（現・立教新座高等学校）出身者なのです。当然進学校ではあるのですが、私服での通学が許可されているなど自由な校風で知られていました。その気風がこれらの大人物を育んだのは間違いないでしょう。そして奇しくもキャスター系が多いことも注目すべき点でしょう。

さて、この種の話題は、民俗学や地域学における「ハレとケ」でも「ハレ」の分野だと思われるので、ちょっとテンション高めに著してみましたが、いかがだったでしょうか。こちらのパワーが吸い取られそうなほど、そうそうたるメンツが埼玉から巣立っていると思いませんか？　どこが「主張がない」「内向的な」県民性なんだ？　だれが言ったんだ？　と声を大にしたくなりますね。

埼玉出身であることを隠さず、むしろ誇っている方はともかく、〝隠れ〟を貫きたかった方のお名前がもし挙がってしまっていたら、さっそくこの場を借りてお詫びいたします。

▼江戸城築城の太田道灌

最後に、「マイ・フェイバリット埼玉の偉人」を挙げるとすれば、太田道灌でしょうか。関東を代表する武士でありながら、言わずと知れた「築城の名手」です。埼玉における最大の功績は河越城や岩槻城などの主要藩に城を築いたことでしょう。しかし、道灌個人における最大の仕事は江戸城の築城にほかならないでしょう。江戸城は、江戸湾に面した断崖上に「中城」（本丸）を中心に、子城、外城という独立性の高い曲輪を配置し、二十五もの石門（虎口）で接続された「道灌がかり」と呼ばれる築城法を駆使した、東国髄一の名城でありました。これをもって「江戸を都にした男」とまで評された道灌は、一躍全国にその名を轟かせます。

しかし埼玉出身の道灌が、江戸発展の基盤をつくり、その発展に伴うほころびを埼玉が受け、虐げられていたとしたら……、道灌の働きは今日の埼玉にとって功罪相償うのかもしれません。しかも、江戸城のあった場所は元々、徳川入府以前に関東一円を統治していた秩父氏（秩父地域出自の一門）の領地であったことを考えるとなおさら……。

いやいや、それは家康がまだ天下を取る前の話だから「たられば」は言うまい。しかし言い換えれば、「埼玉の人材が、江戸の発展の礎をつくったんだぜ！」と鼻を高くしてもよい事例かもしれませんね。なにせ江戸城は河越城の造りを下敷きにしたと言われているぐらいですから。

ともかく、功か罪かはどうあれ、太田道灌が「偉人」であることには違いありません。

太田道灌

4　そだたぬ地元紙誌

長い間、埼玉は文化の中心を持たず、むしろ東京に依存していました。交通機関をはじめ、教育機関も衛星機関も東京を利用すれば間に合うという考えが常に埼玉県人の脳裏にはありました。明治時代には、せっかく設置した県立医学校・県立病院がそのような理由で廃止された例もあるほどです。同様の理由で、埼玉を中心とする新聞や雑誌も、容易に育成されませんでした。

１９１２（明治45）年の2月13日から20日にかけて、『国民新聞』が埼玉における「雑誌経営の内幕」について6回にわたり記事にしました。１９０９年までわずか9誌にすぎなかった雑誌が、翌年には21誌に飛躍したことを取り上げるとともに、「創刊しては休刊する雑誌」の性格を論じました。その理由として、経営者が無為無策であること、記者が〝物もらい〟同然であることなどに言及しています。この指摘は要所要所言い得ている部分もあるものの、すべての雑誌がそうであったわけではありません。

▼発刊―廃刊―発刊―廃刊

明治初年に『埼玉新聞』と『書抜新聞《かきぬき》』が発行されます。前者は時の県令・白根多助が、後者は熊谷県の県令・河瀬秀治の後援で刊行されたものですが、いずれも短命に終わっています。このあと民間による新聞が相次いで発行されますが、大別すると3つの系統がありました。その1つは浦和で発行された『埼玉新聞』（前出のものとは異なるもの）と『埼玉新報』。前者は「僉載社《せんさい》」というところから発行されましたが、まもなく廃刊。後者は「開益社《かいえき》」から出されましたが、こちらも同様に廃刊。

つぎの系統として、また新たな『埼玉新聞』が、以前の『埼玉新聞』および『埼玉新報』の系譜を受け継ぐことを明言して新しく発行されます。これが埼玉で初めての本格的な「民権派」の正論紙とされます。しかしこれも短命に終わり、その後、『埼玉新報』が発行されます。この新聞は紆余曲折しながらも、1899（明治32）年から1915（大正4）年まで継続します。これらの新聞は様式として全県紙を目指していたものでした。もっとも新聞といっても日刊で配布していた時期はほんのわずか。

3つ目の系統は、熊谷の刀水社で発刊された『八州《はっしゅう》』。短命に終わっていますが、その後、同社より『八州日報』が出されます。発刊の年の末には廃刊になりますが、10年後に日刊として再刊されます。誌名通り、関東八州を取材・配布対象地域とし、埼玉にかぎらず、群馬の記事も多く掲載していました。

むろん廃刊された新聞は以上に尽きるわけではありません。

ここまで「発刊」「廃刊」「短命」の文字を幾度となく記しましたが、短い期間にそれだけ発刊を繰り返す、制作側の気概に感服します。いくら経営者が無定見無算論であろうとも、このモチベーションの保ち方は尋常ではありません。この背景には、印刷物に訴求力があった時代だったことと、なによりも新聞や雑誌づくりに興味と熱意を持った人たちが多く存在していたことにあるでしょう。彼らの活躍は大正・昭和時代へと続きますが、明治以降は、いわゆる地方紙の存続が困難になっていったのも事実です。

その主たる理由は、中央紙が相次いで「地方版」を発行するにいたったことに関連しています。つまり現在の朝日新聞の埼玉全県版、埼玉北東版、埼玉西版といった類のものです。業界では「地方版設置は新聞政策の革命」と言われ、中央新聞に競争しうるほどの地方紙誌は成り立たなくなってきました。

ことに、埼玉の場合は、住民の経済的・社会的生活領域は、埼玉にあるというより東京との関連で一体を成していたので、その関心は中央に向けられ、特段、埼玉という地域についての知識訴求は低密でした。

▼地域密着『埼玉新聞』

時のすう勢は地方紙誌の必要性をますます稀薄ならしめましたが、埼玉では大正以降も地方紙誌発刊の自助努力が営まれました。しかし累計30以上あった新聞も現在は『埼玉新聞』を残すのみとなりました。

現在の『埼玉新聞』は県内のニュースや文化、県内在籍のスポーツチームの話題を積極的に取り上げるなど、「地域密着型」新聞という姿勢を貫いています。埼玉県内で行なわれる公営ギャンブルの予想を全レース載せていることも一般紙では珍しい事例です。また、春日部《かすかべ》や幸手を舞台にした人気アニメ『らき☆すた』とのコラボレーション企画なども行ない、時代の流れにも順応しているようです。

5 これだけ献身しているのに、言うに事欠いて「ダサイ」とは何事か！

この第2章は、埼玉県人が他県人には触れてほしくない部分をテーマにしてお送りしているわけですが、これ以上のデリケートな話題はないでしょう。そう、「ダサイたま」についてです。

そして第1章および2章の総括的な役割としてこの題名の項を設けましたが、皆さんいかに埼玉が主に江戸・東京へ犠牲を払ってきたか、そしていかに埼玉が献身的な気質を持ち合わせているかがおわかりいただけたでしょうか？　この「首都に近い」という立地条件は近代にいたるまで、さまざまな面で埼玉に影響を与え続けてきました。

▼「ダサイ」の語源は埼玉から

「定めもとい運命《さだめ》によって首都を奪われた埼玉」「江戸の穀倉地帯・埼玉」「北方から江戸を守る埼玉」「県域を掻き回された埼玉」「東京への通り道・埼玉」「埼玉都民のため土地を献上する埼玉」

「東京の衛星都市・埼玉」――。これだけ貢献、奉仕しているにもかかわらず、労うどころか言うに事欠いて「ダサイたま」とはあんまりじゃないですか?!

意外と知らない方も多いかもしれないので、あえて説明すると、いまや俗語として一般的となった「ダサイ」は、じつは埼玉が発祥地なのです。これまで述べてきたように、江戸・東京のほぼ〝支配下〟にあった埼玉は「所詮、なにをしても東京にはかなうまい。だって、埼玉だもん」と主に南関東から虐げられてきました。この「だって埼玉」が転じて「だ埼玉」「ダサイ」になったという説が有力なのです。「駄目な埼玉」という説もあります。いずれにしても、埼玉を名指しで嘲笑するためにつくられた造語だったのです。

もう一方では、都会風に洗練されておらず、田舎くさい、というのが原義であり、「田舎」という言葉が転じて、「だしゃ」→「だしゃい」→「ダサい」となったという説もありますが、これもどちらにしても埼玉にそのまま当てはめられてしまうことに変わりありません。もし後者であったとしても、「田舎くさい? それって、埼玉のことじゃん?」と言われるのがオチですから、「あれね、『だって埼玉』じゃなくて『田舎』が語源らしいよ!」と反論しても、倍悲しい目に遭うだけですからやめておくことをお勧めします。

ライバルの千葉だって「ちばらき」(「茨城と変わんないだろ」という「ダサイ」と同様の趣意の俗語)とか、東京の多摩だって「たまなし」(同じく「山梨」とのカバン語)とか言われるじゃないか! と食いかかる方もいますが、これだけ全国に普及されている「ダサイ」とは比較にもならないでしょう。

「ちばらき」と同様の混成で、埼玉の北部は「ぐんたま」とも呼称されるようで、主に群馬の南部とのカバン語とされているようです。むしろ、群馬南部の人びとから「あのへんは郡玉だから」と逆に見下されているようです（蛇足ですが、こういったカバン語（混成語）とは、例えば「ぐんたま」の場合、群馬のことは事実上含んでいません。完全に埼玉に向けられてつくられた言葉です。「ちばらき」も同様に茨城は含んでいません）。

これは個人的に聴取したものですが、「熊谷以北は大きな買い物ができるような店がなくて、埼玉北部の人間は群馬に買い物にやってきます。痛々し過ぎます。埼玉に魅力なんて感じないどころか、群玉住まいでなくてよかったって思います」という声は実際に群馬南部に在住する方の声であり、リアルな実情でしょう。

▼埼玉は北関東なのか？

しかし、一方で「ダサイたまなんて初耳です！」という群馬県人の声も多数。加えて栃木県人からも「ダサイたまってなんですか？」「埼玉を馬鹿にできる栃木県民なんていない……というより、恐れ多いっす」という声が。茨城からは「嫁いで茨城に来たのですが、茨城在住の友人たちの間ではダサイたまと言う人は東京や千葉県人がほとんどで、茨城、群馬、栃木の人たちはあまり言わない、どころか知らないらしいです」という声も。つまり、「ダサイ」は普及していても、語源を知っているのは関東の一部だけであり、ダサイと埼玉を結びつける「ダサイたま」など、その他の地域の人は知る由もないのです。

加えて、「埼玉のイメージは〝まあまあ都会〟って感じですね。少なくともダサイ印象はないですよ」「ダサい？ そんな発想する人間こそが格好悪いですね。少なくとも、茨城よりは、都会だと思いますが……」「ダサイタマは昔から聞いたことがありますが、横浜などに比べればあか抜けないというぐらいで、東京だって都下や下町はあか抜けないですからね。埼玉が特別ダサイとは思いません」という意見もあることから、南関東以外の人は埼玉に対して「ダサイ」という印象すらないのです。それどころか、北関東の人間は埼玉を羨望の眼差しで見ている向きもあります。聞いた話の一部ですが、栃木では「叔母さんが浦和に住んでいてカッコいい！」という話になったり、茨城では「妹が埼玉に嫁にいって、それは亡命だ！」とされることもあるらしいのです。まあ、前述のように「群玉」と嘲笑う輩もいるので、一概に「埼玉は北関東の憧れ」とするわけにはいかないですけどね。

北関東の話になったので余談ですが、道州制を議論する際に、埼玉が北関東に混ぜられがちになることに埼玉県人はいつも憤りを感じているそうです。「もともとは武蔵国で東京と一緒だったので、それはおかしい！ と声を大にして言いたい」とのこと。また、「だいたい、北関東ブロックに混ぜられたら、埼玉がどうしたってリーダー的役割を担うことになってしまうので、それも避けたい」。つまるところ、南関東におけるいまのポジションが結局は居心地が良いということでしょうかね。

▼VS千葉

ついでに南関東における埼玉の位置付けも、当の埼玉県人に聞いてみました。

まず千葉については「永遠のライバル。ただし、東京ディズニーリゾートや成田空港、海などに対しては敗北を認めるが、全体的には勝っている。はず！」とのこと。一方の千葉は神奈川をライバル視しているようですが、これは「埼玉と一緒にされたくない！」という自尊心があるのでしょうね。

神奈川に対しては「概ね白旗。ただし、それは横浜・川崎・湘南エリアの巨大勢力によるものであって、それ以外の地域には勝てるかもしれない」。この手の地域学において、大宮と町田（東京）は同格とされる傾向があるのですが、それをふまえると、町田を抜けた先の相模原（神奈川）あたりなら勝てると踏んでいるのでしょう。

東京には「概ね白旗だが、23区でも足立や練馬ならもしかしたら……。それこそ都下はもしや同格では……？　ただし、吉祥寺・国立・立川は除く」「東京も、都下は相当な田舎だということを忘れるな！」と、都下に対する指摘が多く、「あの感じは埼玉のそれと同じ。見過ごせない」らしい。

たしかに、筆者こそが埼玉県境の都下出身者ですが、じつは都民同士における虐げられ方は埼玉のそれより酷いんじゃないかと思っています。

「埼玉でも大都市に住んでいた人間としては、東京の23区でも足立や江戸川や都下のどうでもいい小さい都市に関しては下に見ているので、東京にしがみついている都下住民よりもポジティブなのではないかなと思います」という声があったのですが、これはまったくもってその通りかもしれません。いっそ「所沢です！」とか言ったほうが「ああ、ライオンズの」とか認識してもらえたり話が盛り上がりますが、都下ですと、「清瀬？　ん……？　埼玉？」「あ〜……、なんとなくわかる」とか、知ってる人（特に区部の奴）には「清瀬？　ぷぷっ」的リアクション殺到！　つまり〝東京の田舎〟のほうがけっこう見下されたりするのです。

▼もう「ダサイまま」ではない！

埼玉の県庁所在地であるさいたま市は、内陸県の都市の中でも最大規模であり、内陸県唯一の政令指定都市でもあります。浦和は全国に知れた文教地区であり「日本3大高級住宅地」と呼ばれていたこともあり（！）、東京でも類を見ない富裕層が暮らしていたりします。県内には日本一のサポーター数を誇る浦和レッズをはじめとするプロスポーツ球団を多数抱えます。世界のホンダの本工場があります。大宮駅には13の路線が乗り入れ、新宿や渋谷と同じようなセレクトショップが並び、上野などよりよほど利便性が高いと思わせるほどです——。

徐々にですが、「東京に依存してきた埼玉」という姿は薄れてきているのではないでしょうか。

じつは、「ダサイたま」も〝ある時代〟の遺物になってきてる風潮があります。つまり、現代の埼玉県人は、脱「ダサイたま」という目標を掲げるどころか、のっけからダサイと思っていない節があるのです。「ダサイたま〜」と指をさされて憤っていたころは、それが図星だから腹にきていたのです。世代が代わり、特に若年層には「べっつに〜」なようです。

事実、２０００年以降、東京に勤めていた団塊の世代の離退職とともに、埼玉県人の地域的な紐帯が見直されており、いったんは関心の外において東京中心の経済活動に猛進した彼らの壮年期に広まった「ダサイたま」的な表現も具体性が薄れてきていると、当の埼玉県人が実感しているのです。高度経済成長期に続くバブル期の東京中心開発時代も一旦区切られ、住環境すべてを東京と比較するという思考が変化しており、河川上流下流である埼玉と東京の新たな関係が全国的な人口動態変化（少子高齢化）のなかで問われています。

一世を風靡した三浦展著『下流社会　新たな階層集団の出現』（光文社新書）によると、埼玉県人は千葉県人や神奈川県人に比べ「中流」意識が高いとの結果が出ているといるのだそう。「失われた10年」と呼ばれる１９９０年代の長期不況の影響を比較的受けなかった層が郊外居住地としてさいたま市や所沢市などの一戸建住宅や高層マンションを選択する傾向も指摘されており、新住民の流入が続く中で、かつての造語と現在の県民意識との間にズレが生じてきているのです。

３章、４章ではさらに「意識」だけではなく、「埼玉はダサイたまではない」ことを裏付ける事例を山盛り紹介しましょう。「逆襲」の幕開けです。

※ちなみに、ここで論じている「勝ち」「負け」や「格」は、あくまで筆者や話をうかがった方がたによる私見や心象であり、実際のデータなどに基づいているものではありませんので、あしからず。

路線内でのヒエラルキーはあるようで、例えば池袋からの帰路において、まず練馬で降りる人は別物（別格）扱い。黙殺。しかし、ひばりが丘あたりから「埼玉県人か否か」のふるいかけが始まります。ひばりが丘は、改札を出てからがポイントです。この駅はかろうじて東京都（西東京市）にありますが、北口は新座市に直結しているのです。なので、隠れ埼玉都民が多く居住します。ただ、「北口のほうが同じひばりが丘駅なのに格段に家賃が安いもんね」と強弁する民もいるようです。

西武には新宿線もありますが、なぜか池袋線民のほうが気位が高いようです（真逆の意見もありますが）。それは、新宿線の各駅よりも開発が後手になったため、「町がキレイ」ということに誘因するようです。普通は「古い町のほうがエライ」ものですが、そこは埼玉の南部。「新しい町のほうがエライ」という風潮があるようです。

沿線民の幼きころより馴染みが深い「都市」といえば所沢。家族のハレの日の買い物は所沢西武が常。中学生にもなれば、友人と「プロペ通り」を闊歩します。そして、「としまえん」でグループデートをし、最終的には池袋へ降り立ち「都会デビュー」を果たします（下に事例を挙げてみました）。池袋線民だけではありませんが、埼玉県人にとって東京の大都会とは池袋に他ならないのです。

ちなみに、東京商工会議所が発表している「県内企業順利益トップ」は西武鉄道（本社：所沢市）とのこと。

●「入間市駅」30代・女性の「動線」遍歴

12歳まで＝「入間ぺぺ」など入間市駅自体がわりと栄えているので、自然とこの駅を活用。ハレの日の買い物は家族で所沢へ。

12歳から＝友達と所沢駅で遊ぶように。とにもかくにも「プロペ通り」。西武も丸井（当時）もあるので、遊べる。さらに池袋へ足を延ばすこともしばしば。

15歳から＝池袋へ。初デートはだれもかれも池袋で、映画・サンシャイン。そして渋谷へ……。

鉄道路線別埼玉県人気質①
西武池袋線――埼玉一“イケてる”（？）路線の座は譲らない！

このコラムでは県民性ならぬ「路線民性」について思弁してみたいと思います。というのも、「埼玉の気質は、河川もしくは線路で“線状”に分けられる」という風説が耳に入ってきたからです。もちろん「この路線の人はこうである！」という絶対的な定義づけではありません。そもそも、もの凄く長い路線や始点と終点の町の規模や性格がまったく異なることもあります。この間の取材に基づく埼玉県人の声、ないし筆者なりの解読、ときには思い込みによる“暗唱”ですので、予めご理解くださいませ。

＊

＜同線区間の主な駅、（　）内は東京都にある駅＞
西武秩父―飯能―入間市―小手指―所沢―（石神井公園―練馬―池袋）
※西武秩父－吾野間は「西武秩父線」だが、運転系統は池袋線と一体をなしているため、ここでは同一線とする。

＜他線民から見た同線のイメージ＞
●東京と一番つながっている感じがある。明るい。
●あまり変な人がいない。埼玉版・田園都市線？
●東京にかじりついてる人たちが住んでいる。

「埼玉都民」を膨大に抱える西武池袋線。ゆえに「近代の埼玉らしい」埼玉県人が多く利用します。路線内のほぼ半数の駅が都内であることもあり「東京慣れしている」もしくは「東京面《づら》」している向きがあるため、こと埼玉県内では都会的に見えるのでしょう。他線民によるイメージは軒並み良いようですが、「平和」と見受けられるのは、皆お互いが田舎くささを露呈しないように努めているため。あくまで「東京面《づら》」を貫きます。それが池袋線のマナー。ただ、この姿勢はライバルの東武線民は気に食わないようです。

池袋線民と同じく埼玉県人の池袋への依存は凄まじく、池袋が「リトル埼玉」と呼ばれる所以もうなずけます。池袋を歩く人の半数以上が埼玉県人ではないでしょうか。確実に「西武に勝っている」と東武線民が誇るのが、池袋駅デパ地下の充実度。これには西武線民も「東武デパートのバイヤーの優秀さは認めざるを得ない」と白旗状態。そもそも西武は路線内にも「名店」と呼べる店が少なく、「食」に対する意識や向上心が低いとされています。

スカイツリー（東武伊勢崎線にて）が開業したことで、東武線は社史上かつてない活況を見せています。これを契機に一気に西武を捲れるか？　というところにも注目です。一方では、「東方（スカイツリーのほう）にばかり力を入れて、西方がおざなりになるのでは」という東上線民の声も聞こえますが……。

●「ふじみ野駅」40代・男性の「動線」遍歴

12歳まで＝家族でレジャーは森林公園。ちょっとしたお出かけ、買い物は川越。自分のなかで川越は大都会という位置付けに。

12歳から＝友人らと志木へ繰り出す。苦い思い出（カツアゲなど）も志木で洗礼。志木の繁栄とともにファミリー層も志木に増えた。

15歳から＝池袋へ。池袋までの都内の駅には目もくれずひたすら池袋へ。

鉄道路線別埼玉県人気質②
東武東上線——埼玉における東武線の雄

<同線区間の主な駅、（　）内は東京都にある駅>
寄居—小川町—東松山—川越—志木—和光—（成増—ときわ台—池袋）
※秩父鉄道も直結

<他線民から見た同線のイメージ>
●乗っている人が“耐えてる”感じがする。暗い。
●若者はチャラい。おばちゃんはうるさい。
●西武線より埼玉に根付こうとしている印象がある。

西武池袋線とともに「埼玉都民」の受け皿となっている東武東上線。寄居まで平坦地が続くので、より宅地化しやすかったようです。小川町・東松山・川越・志木など池袋線に負けず劣らず埼玉の主要駅を押さえており、「小江戸川越クーポン」や「おごせ散策きっぷ」、「埼玉県民の日フリー乗車券」など独自の周遊券も発売し、地域密着の努力も怠っていません。

他線民から見たイメージは、あまり良い印象とは言えず、肯定的な票はわずかでした。路線としての文化よりも通勤電車としてのイメージが強いのでしょうか。しかし、ライバル西武線民に言わせると、「混沌としている印象ですが、人間が生活している！　というムードにあふれている。ある意味、西武線のような冷めた感じがなく、活気があるように見える」という意見も。これは「農耕民族」の練馬を大部分抱合する池袋線と、板橋などの下町要素を抱合する東上線の違いで、東京による気質が影響していると思います。

当の東上線民は意外と路線内でよろしくやっているようです。池袋線の「としまえん」のようなレジャー施設がないのが多少不満のようですが、きちんと川越や森林公園で埼玉県人としての素養を育んできました。

鉄道路線別埼玉県人気質④
武蔵野線——埼玉と埼玉をつなげる「interline」なアイツ

＜同線区間の主な駅、（　）内は東京都と千葉県にある駅＞
（府中本町）—新座—武蔵浦和—東川口—南越谷—三郷—（西船橋）

＜他線民から見た同線のイメージ＞
●のんびり。じっくり　●ギャンブルに行く人とディズニーランドに行く人で人種ないまぜ　●すぐ止まる　●なんかかわいそう

首都圏の郊外である東京都多摩地区、埼玉県南東部、千葉県西部を結び、「メガループ」の異名を持つ武蔵野線。全長はじつに 71.8 km。その様は、「武蔵野線がなかったら、埼玉は2つか3つに分裂していた」と愛好家に言われるほど。広範囲のため路線民性を測るのは難儀ですが、広義で言えることは「がまん強い」。

ちょっと風が強かったり、雨が降るだけですぐ止まる。本数が少ない（10 ～ 15 分に 1 本など）。間隔が長い（駅間の）。そのうえ快速がない。じっくり電車を待ち、ゆっくり武蔵野路を横断するのです。武蔵野線は、元々は貨物専用線。その線路沿いに駅を付けたという恰好なので貨物列車が優先です。

新座で待ち合わせたカップルは 63.5 ㎞もの道のりをトコトコトコトコト 22 駅を経て舞浜（ディズニーランド）へ行くのです。男子がんばれ。話術やエスコート力がためされます。その一方、府中本町の府中競馬場、船橋法典の中山競馬場をむすぶギャンブル路線ともいえます（川口にはオートレースもあり）。

満員電車の類のストレスとはまた異質の鬱積に耐え抜くのが武蔵野線民。しかし、言い回しを変えれば、他路線の文化を受け入れられる感覚を持ち合わせる「international」ならぬ「interline」な路線とも言えます。やはり武蔵野線民は埼玉と埼玉をつなぐ架け橋的存在なのです。

鉄道路線別埼玉県人気質③
埼京線――「最凶」なのは車内だけで路線民性は関係なし!?

＜同線区間の主な駅、（　）内は東京都にある駅＞
大宮―武蔵浦和―（赤羽―池袋―新宿―渋谷―大崎）
※川越線・りんかい線・湘南新宿ラインなども直結

＜他線民から見た同線のイメージ＞
●怖い　●せわしない　●痴漢　●よそよそしい　●都会人きどり

いまや「埼玉の電車」といえば埼京線の名が出るほど有名になったのは、その異常なまでの利用率によるものでしょう。不名誉な「最凶線」の称号を持つ埼京線。このことにはやはり凄絶なラッシュ時の様相や痴漢の頻発が起因となっているのでしょう。

痴漢対策としてJR東日本初の女性専用車両を導入。朝ラッシュ時のすし詰め具合はまさに最凶。凄まじい圧力でドアに押し付けられると窓ガラスが割れるのではと思わせるほどです。ただ、湘南新宿ラインなどの影響で混雑は多少緩和されました。りんかい線との相互直通でさらに便利になっています。

他線民からもさんざんな言われようの埼京線ですが、埼京線の歴史はまだ浅く、路線民性も掌握しきれないのが正直なところ。悪しきイメージばかりが先行していますが、埼京線は埼玉県人が身を挺して手に入れた「都心直通専用線路」（詳しくは48ページへ）。利用しまくらないと割に合わない、という想いが今日の様相につながっているのでしょう。

埼京線民の自慢はとにもかくにも「新宿や渋谷、お台場に直通してる！」こと。依存してきた駅は大宮駅。そして池袋へと移行するのがパターンでしたが、近年は大宮に留まる傾向も見受けられます。

鉄道路線別埼玉県人気質⑥
八高線——JR部門の「ユルさ」ナンバーワン！　ハチ公

＜同線区間の主な駅、（　）内は東京都と群馬県にある駅＞
（八王子—拝島—東福生）—東飯能—毛呂—越生—小川町—寄居—児玉—（群馬藤岡—高崎［高崎まで乗り入れているが、正確には倉賀野］）

＜他線民から見た同線のイメージ＞
●独特。逆に敷居高い　●おおらか（人も電車も）　●純血埼玉県民
●いろいろテキトー　●ユルい

文字通り八王子と高崎を結び、埼玉を縦断する稀少な路線。野田線に負けず劣らずのローカルなムードですが、野田線の「ローカル風」という風情ではなく、紛れもないローカル線。東京を走る電車では唯一の地方交通線。そして高麗川～高崎まではいまだ非電化。ある年のこの区間の1日の乗車人員は軒並み3桁とのこと（竹沢に至っては29人！）。国鉄時代に一度廃線になりかけたが、どっこい今日まで存命（延命）しています。

そんな純然たるローカル線・八高線の路線民性は言わずもがな、おおらか。気にしない。のんき。筆者は、車内でタバコを吸う人をはじめて目にしたのが八高線でした（しかも一見ふつうのお姉さんでした）。悪びれもしなく、ごく自然に。一見変哲もないお姉さんが。あのときは驚いたものです（車内での喫煙は禁止されています）。線路もスーパーの間や米軍・横田基地の間をしれっと疾走します。おおらか！　八高線民に自慢を聞けば「自動改札がないため、××し放題！」。おいおい！（××は禁止されています）

タテ軸の路線なため、意外や他線との乗り継ぎ駅があるため、八高線民の依存駅は飯能、川越、拝島、八王子、立川などさまざま。おぼこい顔してますが、じつは行動範囲が広いのです。

鉄道路線別埼玉県人気質⑤
東武野田線――どうしても憎めない埼玉の「ゆる電」

＜同線区間の主な駅、（　）内は千葉県にある駅＞
大宮―岩槻―春日部―（野田市―柏―船橋）

＜他線民から見た同線のイメージ＞
●ユルい　●趣味で走ってんのか？　●なんかかわいい　●マナー悪い　●車内が「自分ち化」してる　●昔ながらの埼玉

東武線のなかでもマイナー感が否めない野田線。大宮駅を始発駅にしているにもかかわらず、野田線の大宮駅だけは都市感ゼロ。大宮駅から2駅も行けば、車窓から見える風景は田舎そのもの。「武蔵野の面影」とかそういった風情ではなく、ただただ平野な埼玉。すぐ近くまだ繁華する大宮駅が見えるのですが、今現在走っているこの風景とのギャップに軽く混乱します。これは「埼玉の裏側見たり！」なのか？それとも「これがリアル埼玉」なのか？　しかしその情緒に慣れれば、のどかなローカル線として楽しめます。春日部駅以東では単線区間も残っていたり、柏のスイッチバックなどは鉄道ファン垂涎。

ガタゴト牧歌的な野田線のキャラに引っ張られるように、野田線民もどこかユルい。「律儀に座れない。携帯でベチャクチャ通話をする。電車で飯を食う。化粧する。新聞広げて座席スペース確保。4人掛けも3人で座る」などの否定的な意見が多いものの「野田線だから許せる」「これが同じ東武線の東上線だったら、すぐに「『お客様同士のトラブルにより』で停まる」というなぜか容認ムード。東上線では「マナー違反」にあたる行為も、野田線では「くつろぎ」とみなされる（？）。それもこれも、哀愁あふれる野田線のルックスや車窓からの余情ある風景がそうさせるのでしょうか。

ところが2014年、なにを血迷ったのか、愛称を「東武アーバンパークライン」なる横文字に転変。虎視眈々と逆襲を狙っている（？）。

かで誕生。2006年に発布と歴史も浅いながら、この位置に付けたのはさすがのブランド力といったところでしょうか。筆者はてっきり「川越」が1位になると思っていましたが。

「トコナン」こと「**所沢**」ナンバーは、「よくも悪くもない」という感じで、この順位に落ち着いたようです。「よい」ほうでは、「東京に近い感じがある」。「悪い」ほうでは、「東京に入れなかった感がある」というイメージで票が分かれました。まさによし悪しですね。ライオンズの選手が若くして高年棒を取得し、せっかく高級車を買っても「所沢」ナンバーだからモテない、というまことしやかな巷説があります。これにより、名を上げた選手はすぐさま市外の目の前の東京に居を移してしまうのだ、というこれまたまことしやかな噂もあります。

「カスナン」こと「**春日部**」ナンバーは、「あれなんて読むの？」と渋滞中に知名度を上げることしばしば。そして「はるひぶ」と呼ばれることしばしば。管轄内の草加、越谷は元々、春日部と“同格”の都市だという自負があり、「チッ、なぜ春日部の傘下に」という想いが積もっているとのこと。

あえなく最少票の「**熊谷**」については、「埼玉どころか関東で一番地味だと思う」「走り屋」「黄色ナンバーが多い印象なので」「トラック」などの声が多数ありました。黄色ナンバー（軽自動車）は事実そうらしく、埼玉一の登録数のようです。トラックも関越道の東松山・花園・本庄児玉各インターのお膝元なので事実、熊谷周辺には長距離運送会社が多いのです。地味ながらも登録台数は約60万台と大宮の次に多い熊谷。地域的にクルマ社会だからでしょうか？　同じくクルマ社会の秩父も「熊谷」の管轄。ですが、独立心、独自性の高い地域だけに、「秩父ナンバーの発行を！」と祈念している秩父市民も多かったです。川越に並ぶ埼玉のブランド地域だと思うので筆者も賛同。

以上、個人的にも非常に興味深い結果が得られました。いずれ全県調べてみようと思います。

ちなみに、1位の「大宮」ですが、じつは1975年に「**埼**」というナンバー名から変更したもの。「埼」、これはどうでしょう。「埼」のままではもしかしたら1位にはならなかったかもしれませんねえ。

当欄の調査は2012年のもの。この後2014年に、大宮からの分割で「川口」が、春日部からの分割で「越谷」ナンバーが誕生。ただ、この2つが加われど、ヒエラルキーそのものに変動は及ばないと思われます。

鉄道路線別埼玉県人気質〈番外〉
ナンバープレートは物語る

以上、鉄道6線をサンプルとして論説してきましたが、それぞれの路線民によって、誇れる部分、控えめな部分、憤る部分などひきこもごもの主張があるようですね。それにしても、この聴取をするなかで気がついたのは、みなさん、自分の町を語るときよりも熱が入ること。やはり埼玉は路線のほうに気質が向くのかと感じざるをえませんでした。

当然のことながら、どこがイケてる、どこがダサイ、とかは一概には決められないようです。しかし、電車ではなく、クルマ社会においては、明確なヒエラルキーがあるようです。それはナンバープレート。東京では「品川」がなによりも上位にいるらしく、それに続くのが（大差で）「練馬」、「足立」、「多摩」、「八王子」かと思われます。足立や多摩の方、いろいろと思うところあるかと思いますが、そういうことにしておいてください（たぶん事実なので……）。

このようなヒエラルキーが埼玉にもあるのかと、気になった筆者は可能限の聞き込みに入ります。割りあい、短時間で済む質問なので、多くの聴取が取れました。

して、栄えあるナンバーワンは「**大宮**」！　僅差で「**川越**」。続いて「**所沢**」、「**春日部**」、「**熊谷**」でした。うしろの3ナンバーは、大宮から分割されたものなので、いたしかたない部分もあります。その“親”である「**大宮**」ナンバーは旧大宮市民の誇り。まさに「交通の要衝・大宮」を、ナンバーをもって誇示しているようにも見えます。浦和・与野・大宮合併時の新市名（さいたま市）考案時に「大宮市」を出願した大宮はこの「大宮ナンバーがあること」も口説き文句にしたそうです。この「大宮」の最多票は、決して人口の絶対数などではありませんでした。あらゆる地域の方が「やっぱり大宮じゃない？」と回答しました。たかが、されど埼玉であっても、県都のチカラはやはり偉大なのですねえ。

僅差で続いた「**川越**」は、いわゆる「ご当地ナンバー」ブームのな

第3章

「仕打ち」を逆手にとって逆襲

1 「母なる埼玉」。東京は埼玉の息子である（!?）

武蔵国の歴史は、江戸のそれと分かち難く結びついており、「江戸あっての武蔵国」の感もありますが、実際は江戸誕生の数百年も前から、秩父山や山麓、利根川、荒川沿いの平野で綿々と営み続けられ、その努力が江戸の繁栄を育む母胎となったと言ってもいいでしょう。そもそも、武蔵国の群の数は20あり、そのうちの15の群が現在の埼玉県域にあり、埼玉は武蔵国の大部分を占めていたわけですから、埼玉が「江戸の母」などと呼称されるものも当然のなりゆきといえましょう。

「母」。そう、それなんです。母なるポジションこそ江戸・東京との関係にふさわしい続柄なのです。これまで献身だの犠牲者だの支配下だの植民地だの言ってきましたが（植民地は言ってないか）、無償の愛です。「母なる埼玉」は江戸・東京を育ててきたのです。

「江戸、明治、大正、昭和と自立するまで、お前（東京）はヤンチャでほんっとに親泣かせだったけれど、いま振り返ればみんないい思い出。これからは親孝行しとくれよ」と温かい眼差しで我が子・東京を見つめれば、いろいろなことが許せてきませんか。

▼江戸・東京を〝利用〟

事実、いま思えば、東京の隣だったからこそ恩恵を受けてきた部分もあるのです。埼玉は首都江戸・東京と歩みを合わせて発展してきた県なのです。さらに言い換えれば、「東京を利用して」発展を遂げてきたとも言えます。むしろ、「東京を利用してやってきた」という優越感さえ芽生えてきそうではありませんか。飛躍しすぎでしょうか？

海のない埼玉は、広がった平野を流れる川や用水路が多く、船は大事な交通の手段でした。江戸へ向かう荷物は年貢米、炭、材木が多く、江戸からの荷物は、衣料、食料、雑貨、肥料などでした。新河岸川を通って盛んに江戸と〝貿易〟した川越は、商業や文化が栄え、「小江戸」と呼ばれました。たとえばこういったエピソードも、自分ちの川が多い土地柄を生かしながら、かつ東京という大クライアントをそそのかし、自分たちの粗利を上げていた、と捉えれば満足感が増しませんか？さらに、いっそ「小江戸」というネーミングで町ごとブランディングしてしまえば、町内の人も悦だろうし、他方からも人が来るかもしれない、という商魂たくましい政商気質のキレ者がいたのでしょう（実際、川越藩主の老中・松平信綱がその黒幕と目されていますが）。小江戸は「お前ら江戸たぶらかしてちょいちょい稼ぎやがって。川越で売ってる物も江戸のものばかりじゃないか。まるで江戸のミニ版だな！　ははは！」とあざ笑われたわけではなく、自ら広報した側面もあります。

「小京都」で如才なくやっている金沢（石川）なんかもそうでしょう。

俗に「世に小京都は数あれど小江戸は川越ばかりなり」と謳われたことで、「小江戸」は、全国的に川越の代名詞となりました。いまでこそ「小江戸」と呼ばれる町も各地に見られるようになりましたが、やはり川越がその筆頭であることには変わりありません。

川越の発展を皮切りに、埼玉全土で江戸を中心とした「地廻り経済」が形成されます。「地廻り経済」とは、江戸時代中期以降に江戸とその近国の諸村に発達した商品生産と流通の市場で、その市場圏を江戸地廻り経済圏といいます。江戸に入る商品のうち京都・大坂からの下り荷の市場に対するもので、関八州や東海・奥羽などからの地廻り物は一次産品が主体でありましたが、埼玉では日高の醤油などの良質な商品が現われ、また生産量が高まるにつれて幕府もこうした流通圏の育成を奨励するようになりました。こういった経済活動も埼玉は巧みに江戸を〝利用〟していたのです。

▼主幹街道も〝利用〟

五街道に数えられた中山道と日光街道のほか、日光御成街道や川越街道など、江戸とを結ぶ重要な街道や、河川や運河を利用した水上交通が発達したことも、江戸と各地方のためとはいえ、埼玉を通る宿場町がそれに便乗して栄えたともいえます。また、明治時代以降、これらの街道に沿って東京へ向かう道路と鉄道が整備され、特に県を縦断する南北方向の交通が充実しています。これも江戸時代にせっせと街道を切り拓いたことが下地になっているのです。

また、将軍が東照宮に参じるときの専用路も埼玉に敷かれましたが、いまや世界遺産となった日光東照宮をつくった職人が、岩槻人形を始めたと言われています。こんなところにも〝江戸効果〟が。その後、岩槻は「人形の町」として名声を得ます。

岩槻人形をはじめ、埼玉でつくったものは、人口の多い江戸へ運ばれ、膨大に消費されたので、埼玉各地でいろいろな特産物が生産されるようになりました。草加宿の茶店のおばちゃんがつくって名物になった草加せんべいもそう。川越のサツマイモも天明の飢饉のとき、江戸の人びとの食糧として活躍して以降、需要が増え、名物になりました。入間ゴボウなどもそうです。狭山茶は江戸時代にお茶を飲む習慣が広まったことで発展しました。

のちに「キューポラのある町」として名を馳せる「鋳物の町」川口も岩槻と同じく、もとは江戸から職人や技術が移転してきたことによって発展したものです。川船で江戸へ荷物を運べるという利点も重なり、日用品から大砲までつくる鋳物生産に拍車がかかりました。明治時代の日清戦争や日露戦争、さらには大正時代の第一次世界大戦による「戦争特需」にも支えられ、川口は県下最大の工業都市に成長しました。

工業団地も埼玉各地に〝計画的に用意〟したことで、工場や人口が過密していた東京・神奈川の京浜工業地帯の受け皿となります。京浜工業地帯では、土地の値上がりや工業用水の不足、道路の渋滞、公害などのさまざまな問題が発生していたこともあり、埼玉に次々と進出します。そしてそれが高速道路をはじめとする交通網のさらなる発展につながったのです。川口のように、大消費都市に近いという利点を生かし、食品工業も盛んになりました。なかでもデザートや菓子類の生産が顕著で、アイスクリームや洋菓子の出荷額は全国1位を誇ります。

文明開化も他県より早かった埼玉。これも首都に隣接するという地の利。人力車や英語教科書、理髪店、図書館、西洋医学の病院などは、いち早く埼玉に導入された文化現象です。人力車は西洋のものでこそありませんでしたが、徳川時代の駕籠に代わるものとして東京で発明されました。行田あたりからでも1日で東京まで行ける、という評判が広まり、普及しました。

▼高い人口定着率

平地の多い埼玉は、東京オリンピックを契機とした経済発展に伴い、東京に近い南部で宅地化が急速に進みました。埼玉の人口上位5市は、さいたま市、川口市、所沢市、川越市、越谷市といずれも東京都に隣接する地域に集中していることがわかります。これらの都市には、東京へ通勤・通学する人が多く住み、「埼玉都民」などと呼ばれています。

市の数は40にのぼり、全国一の多さとなりました。また、このころからの埼玉県人は県への定着率が高いと見てよいでしょう。東京へ出るのに、特に意を決して故郷を脱出する必要がないからです。いつでも東京の文化に接することができます。東京の文化と比較しながら生活し、脱故郷をして客観的に郷里を顧みる必要もありませんでした。東京への人口流出が嘆かれる他の地方ではまず考えられない現象でしょう。東京への流出を東京が防ぐ、という妙なる〝東京効果〟。これも埼玉ならではの利点でしょう。

東京にも成田にも羽田にも海（日本海、太平洋にも出られるという意味で）にも温泉にも近い。遊ぶのも住むのも働くにも外食産業も充実しているし病院もたくさんある。あれ？　なんだ、振り返ればずいぶんバランスのよい県になっているじゃないですか。

それもこれも、江戸時代、いやもっと以前よりお隣の首都を絶えず支えてきたからこその今日の姿でしょう。何事もやって無駄なことはない。なせばなる。なんだか人生訓みたいになってきましたが、人間の生き方についての教えさえも身を持って教えてくれる埼玉なのです。話が尊大になりすぎてしまいましたが、うまくまとめたなと自分では思っています！

住宅地の長いけやき並木(県の木)

Ⓒ埼玉県2005
県鳥のシラコバトがモチーフになった埼玉のマスコット「コバトン」。

2 ベッドタウンの地の利で「若い県」への変貌

前項でも少しふれましたが、昭和30年代に始まった経済の高度成長は、大都市およびその周辺地域への急激な人口の増加をもたらしました。こと埼玉においては、首都の西北に位置するため、その影響を最も大きく受けたといってもよいでしょう。

１９５５（昭和30）年からの5年間は概ね5％前後の増加を続け、１９６０（昭和35）年時点の埼玉の人口は２４３万余人になりました。しかし、１９６５（昭和40）年の国勢調査では5年間に24％増加し58万４１１２人、さらにその5年後には28・２％増で85万１４８９人。さらにその5年後には24・７％増で95万４８７７人と増加するいっぽう。１９７０年と１９７５年の国勢調査の増加率および増加数は全国最高でした。

この人口増加は「社会増」による側面が大きく、埼玉に増加したこの人口のうち東京からの転入人口が70％を占めています。もっとも「自然増」も著しい伸びを示し、１９７０～１９７５年の間には42万人が自然増としてカウントされています。

こうして、現代では単なる東京のベッドタウンとしてではなく、首都圏の一部と捉えられるようになった埼玉。近代の埼玉の歩みは首都の影響下から脱し、独自の発展を遂げるための準備期間に当たっていたといえるでしょう。

▼古代、渡来人のおかげで埼玉は時代の先端だった

自然増の話を出したので、社会増とはまったく切り離した話をさせていただきたいのですが、そもそも、埼玉は低地な平野が広がっているため人間が住みやすい土地なのです。具体的には、入間川や荒川の上中流と、利根川の中流流域の広大な洪積台地は、古くから人びとの居住適地として利用されたらしく、少なくとも1万年以上前から人が住みついていたことが、多くの考古学的遺跡から明らかにされています。いまは工業都市の印象が強い川口にも、縄文時代の多くの貝塚が遺存していることから、古代人の快適な生活の場でもあったことがうかがえます。

文化、それも先端文化が伝来していた側面もあります。特に県内の高麗《こま》という地名でお気づきの方も多いでしょうが、これは奈良時代に高麗人の集団移住が行なわれ、入間郡西部に「高麗郡」が新設されたことに端を発しています。ちなみにその地は現在の日高あたりです。駅名として高麗、高麗川をはじめ、「駒」のつく地名、人名がありますが、これらは高麗郡の名残りとされています。

さらには、北足立郡南部に「新羅郡《しらぎ》」も設立されます。読んで字の如く、新羅からの渡来人が中

心となった郡です。その後、新座郡と名前を変えます。当時は新座を「にいくら」と呼びました。この新羅郡は現在の新座、和光のあたりです。新座に隣接する志木も「しらぎ→しき」と転訛したものであると考えられています。和光やその隣の朝霞に、「新倉」や「白子」といった地名が残っていますが、これも新羅が由来とされています。

前述したように、埼玉各地には巨大で巧緻な遺跡を多く築いた勢力がありました。この渡来系氏族も、これらの勢力と切磋琢磨、あるいは協力しながら、地盤を築いたのでしょう。武蔵国造をめぐった戦乱でも、渡来人達が大きな役割を果たしたそうです。

いずれにせよ、渡来人達の活躍もあって、当時の埼玉県域は東京都域よりも、東国の中心地域であったわけです。また、近年まで県内で盛んに行なわれていた養蚕や絹織物生産の種は、すでにこの時から蒔かれていたようで、それも渡来系氏族による伝来という諸説があります。この時代の渡来系氏族はアジアの最先端をいく先端文化の伝道師でしたから、その文化がいち早く埼玉に広まっていたということは、当時の埼玉は時代を牽引する存在だったことがうかがえます。

▼「若い」県

江戸時代、埼玉に五街道が敷設されたことも、総面積の3分の2が低地や台地となっているため、幕府にとっては「好適地」という判断材料になったのでしょう。そしてそれが交通の便を良くし、工業が発展し、やがて人口増加につながったのですから、「損して得取れ」ではありませんが、まさに地の利を生かしたといえるでしょう。
人口の増加は不可避的に村から町へ、町から市へ転換する自治体を増加させました。1970（昭和45）年に地方自治法の改正で市となる人口要件が3万人以上という特例ができたため、いっそう市に昇格する町が増えました。そして昭和50年代には市は38にも増え、北海道、大阪を抜き日本一となりました。
埼玉の人口増は、昭和40年にかけては、首都から30㎞圏内にあたる県南のみの現象であったのが、昭和50年にかけては、それが40㎞に拡大しました。そのことも、相次いで市が生まれたことの要因でしょう。
このような人口増加は埼玉の人口構成にさまざまな影響を与えました。
人口構成を年齢別に見ると、埼玉の人口は若年型の構成を示していることがわかります。
県内の若年層の割合は、
0～4歳＝4・4％（東京3・8％最下位）
4～9歳＝4・7％（東京3・9％最下位）
9～14歳＝4・8％（東京3・9％最下位）
14～19歳＝5・0％（東京4・4％最下位）
という数字が出ており、これは南関東（東京・神奈川・千葉・埼玉）内でいずれもトップ。参考として添記しましたが、いずれも東京が最下位というのは驚きであり、東京の人口定着率の低さとともに埼玉の定着率の高さを表わしています。その参考として、持家住宅率のパーセンテージも65・3%と高く、こちらも南関東で1位を誇ります。

若年層が多い理由としてひとつは、結婚して子どもを生んだ夫婦が、住宅を求めて大都市から移住したことが多いでしょう。東京の賃貸で同棲・新婚生活を送っていたが、子どもができて持家がほしくなり、広くて安い、しかも交通も至便な埼玉に目を向けたという具合でしょうか。もしくは昭和期に移住してきた団塊の世帯の子ども（団塊ジュニア）が、特段埼玉に不便を感じることもなくそのまま居ついているという見解もあります。そのあたりの東京への依存が薄まってきたことは、2章でふれたような脱「ダサイたま」にもつながっているのです。

老齢人口の占める比率も県レベルで最低値を出していることも、「若い県」であることを如実に表わしています。

▼人口数はライバル千葉より100万人以上多い！

人口の増加は、産業就業人口構成も大きく変えました。ピーク時の昭和50年度について見ると、就業人口217万余人のうち第一次産業の就業者が19万8505人、第二次産業が86万6213人、第三次産業が109万8980人。

昭和30年には第一次産業が45万8142人であったから、いかに減少したかがわかります。一方、第二・三次産業の就業人口は著しく増加しました。

職業別に見ても、昭和30年にくらべ昭和50年には、専門的技術的職業従事者が4倍、管理的職業従事者が5・8倍、事務従事者が5・2倍、販売従事者が3・1倍、運輸通信従事者が5・6倍、保安職業従事者4・4倍、サービス職業従事者3・5倍と激増を遂げています。これに対し、農林漁業への従事者は25万8704人も減少しています。比率では45・4%だったのが9・1%になっています。「農業県」の一面も持つ埼玉においてはやや寂しい数字ですが、これも埼玉が農村社会から都市社会に変貌を遂げたことを物語っています。

現在、埼玉の人口は約726万人にも膨らみました。人口の多さがすべてにおいて勝るとは言いませんが、この数はライバル千葉よりも100万人以上も多いのです。そして人口密度は東京、大阪、神奈川の次に着けます。ウンチクですが、県南部に位置する蕨《わらび》は、面積5・1㎢の「日本一小さい市」にもかかわらず、東京に近く交通の便もよいため、人口も多く(7万1600人)「市の人口密度日本一」なのです。

かつて、作家の武者小路実篤は理想社会の実現を求めて、「新しき村」という考え方を提唱しました。その思想を具現化するべく実篤が選んだ地は埼玉(入間)でした。このとき、1939(昭和14)年。まだ日本が高度成長期に入る以前の話です。当時のセンシビリティな人物にとっても、埼玉には人間が豊饒な暮らしを醸成するための引力があったのです。

▼大災害を受け入れてきた実績

「若い県」への変貌は、東日本大震災の影響もさらに拍車をかけるかもしれません。

２０１１年3月11日に起きた東日本大震災では多くの被災者が生じ、その被災者を受け入れるべく全国の自治体が手を挙げたことも話題になりました。

例外なく埼玉の各地でも、被災者受け入れの表明をした自治体が多数名乗りを挙げました。県都のさいたま市をはじめ、川越市、所沢市、春日部市、熊谷市、行田市、秩父市……。まさに全域です。県下最大の〝ハコモノ〟「さいたまスーパーアリーナ」では震災の直後、雨風をしのぐ施設として被災者を受容しました。

一時的に避難してきたのは、あらゆる世代の世帯ですが、被災者たちは、事態の収束や状況を見ながら、次第に地元の東北なりへと帰郷します。しかし、そのまま受け入れ地に残る、もしくは移住・定住を決心する世帯もいました。その世帯こそ若年夫婦世帯。まだ小さい子どもを養う必要のあるこの世帯の定住により、埼玉にまた若い世代が増えだしているのです。

都市機能もあり、地方へのアクセスもよく、そしてなにより牧歌的な風情が多く残る埼玉ならではの土地柄が決め手にもなっているようです。

埼玉には過去にも同様のなりゆきで、大災害におよぶ被災者を受け入れてきた〝実績〟があるのです。その最たる事例は、１９２３（大正12）年に起きた関東大震災でしょう。主に東京で被災した人びとが埼玉県の特に南部にどっと押し寄せたのです。当時あり余る県内の土地を生かして、「よーし、どんとこい」といわんばかりに、埼玉は東京の人びとを受け入れたのです。困ったときはお互い様ですが、東京はこの恩義を忘れてはいけません。

この余波を受けて、国営鉄道（ＪＲ）も１９３０（昭和５）年に東北線の赤羽〜大宮間の電化に乗り出し、現在の京浜東北線の基盤をつくります。この関東大震災は東京との結びつきをより強固なものとし、人口増加の前触れとなった契機といえるでしょう。

また、こんなところにも関東大震災による影響がありました。

鮮やかな色使いが特徴の加須《かぞ》の鯉のぼりは、明治初期、加須の雨傘やちょうちんをつくる職人が、材料の和紙の余りを利用してつくったのが始まりです。しかし、関東大震災で東京の鯉のぼり業者が被害を受け、注文が加須に集中したこともあって、加須は東日本最大の鯉のぼり産地となりました。

▼「晴れの日」日本一！医師も充実

日本列島のほぼ中央。人間の体でいうと心臓のあたりに位置する埼玉は、古《いにしえ》から大災害の影響を受けにくい県でした。地盤は元来強く、海なし県ゆえ津波の心配はまずありません。台風も少なく、天気がいいのも埼玉の自慢。過去10年間の「快晴延べ日数」５８５日は全国第１位。単年度でも過去7度も日本一になっています。「はれのくに」と銘打っている某岡山や九州地方の県を差し置いて、埼玉の晴天の日が一番多いのです。埼玉各地に総合病院も充足しており、「無医地区」(医者・病院のない市町村のこと）は埼玉ではゼロです。犯罪も少なからず起きるにせよ、700万人超という人口を考えれば近隣の県に比べて少ないほうであり、比較的平穏かと感じます。

なんだか不動産屋のセールストークのようになってしまいましたが、災害にも強い埼玉は、これからの日本のニーズにも即していると思うのです。

県都・さいたま市が誇る「さいたま新都心」。この新都心の合同庁舎は、万が一東京直下型地震が起きた際、中央政府の機能を代行する広域防災拠点となるように計画されているのです。また、それにおよぶ首都圏の復興次第では、さいたま新都心が〝中心〟になるという噂もあります。つまり、もし東京が壊滅的状況になった場合、さいたま市を中心に国が動く新首都になる可能性もあるということです。とはいえ、もしそのような事態が起きた場合は国の、世界の一大事ですから、いくらさいたま市が首都になる可能性があるとはいえ、これぱかりは事態が起きないことを祈るばかりです。

ここで伝えておきたいことは、さいたま新都心ひいては埼玉は、それほど防災都市としての実力が認められているということです。それもこれまで幾度となく大災害による被害を援助してきたからこそではないでしょうか。

3 東京への供給が産業を発達させた

「東京を利用してきた」という語調が許されるのであれば、産業こそが最たる〝利用実績〟を挙げているといえるでしょう。

まあとにかく江戸で食べられるもの、使われるものはすべて埼玉でつくっていましたから！　と言い切るのはいささか大口が過ぎるかもしれませんが、実際埼玉は「江戸の台所」と呼ばれるほど大消費地・江戸に物産を供給してきました。そして、自らも発展してきました。

その筆頭としては農業でしょう。のちに詳しくふれますが、いろいろなものを供給させていただきました。殿が召しあがるものですから、それはそれは丹精込めてつくりましたとも。なかでも川越のサツマイモ、深谷のネギ、狭山茶……。いまやおかげさまで埼玉名物となりました。

岩槻でつくった人形もお気に召したようで。岩槻の人形は、江戸時代中ごろまでの、土でつくったような人形ではなく、この地方で盛んな桐製品をつくるときに出る桐のおかくずをのりで固めてつくったもの。土のものより壊れにくく、美しいということから江戸で人気を集めました。いまや岩槻は「人形の町」「伝統工芸の町」として名声を得ております。

▼草加せんべい誕生秘話

江戸を水害から守るため発令された治水も、それはそれは労を費やしたものです。「へえ、江戸の水害が。それ、あっしら武州の者がやるんですかい?」「へえ、こっちもですか」「またですかい?」「荒川の流れを変えるって? そんな無茶な……。それ、あっしら武州の者がやるんですかい?」「これ、つなげるんですかい? 本気ですかい? え、まさか……それ……、ふざけんなよ! マジかよ!」なんて乱暴な口の利き方は武州人はしません。ただ、「マジ」という言葉は、じつは江戸時代からありました(ウンチク)。治水に関わる工事は幾度にもわたり行なわれましたが、おかげさまで新田がたくさんできました。お米がたくさん穫れました。このお米でおいしいおせんべいもできました。そう、かの有名な「草加せんべい」です。

利根川などから良質な水がもたらされる草加は、稲作が盛んで、出来のよいお米が収穫できる肥沃な土地でした。草加の各農家では、余ったお米を無駄にしないようにと、団子状にして乾燥させた保存食をつくっていました。これが「堅餅《かたもち》」と呼ばれる草加せんべいのルーツなのです。

堅餅は軽量で携帯しやすく保存も利いたため、戦乱の世では、しばしば戦禍の備蓄食、携帯食として重宝していました。やがて徳川家康が天下人となり、諸国に街道が整備されると同時に草加にも日光街道二番目の宿場が設置されます。そこで堅餅は商品として旅人に向けて供されるようになります。煎餅の製造技術も経済競争の中で研鑽され、いまに至る伝統製法が確立しました。こうして、いまでは浴衣染め、皮革と並ぶ草加の3大地場産業となりました。

草加せんべいのこんな伝説をご存じでしょうか。

草加の街道沿いに、茶屋を営む「おせん」というお婆さんがいたそうです。茶屋で売れ残った団子の処分を「もったいない」とおせんが嘆いていたところ、通りすがりの武士が「団子を薄くつぶして天日干しして、火で焼いて焼き煎にすれば日持ちがするのでは?」と進言。おせんはそれを実行すると、この焼き煎はたちまち評判を呼び、草加せんべいとして街道の名物になったそうです。

ちなみに、当初は塩味だけだった草加せんべいですが、利根川沿いの下総《しもうさ》(現・千葉県)野田で醤油の製造が盛んになったことで、水運を生かして草加に上等な醤油が送られるようになりました。そうして、現在の主力商品である醤油味が開発されたそうです。東京だけでなくちゃっかり千葉も〝利用〟していた埼玉なのでした。

▼ものづくりの県

せんべいのイメージが強い草加ですが、一方では巨大な住宅団地を有する工業都市でもあります。川の多い土地柄を生かして工業用水が充足していたことも、工業都市としての発展につながった要因といえましょう。そして、かつて培った治水工事も役に立つ日がくるのです。

戦後、日本は食糧や水が不足していました。そこで埼玉は1960年代に、利根川や荒川の水を最大限利用するために、「利根大堰」をつくって、水を貯め、2つの川を結ぶ武蔵水路をつくる大工事をして、県内や東京の飲み水、工業用水に使うようになりました。

川口もこの工業用水や水運をフル活用して、「鋳物の町」として躍進を遂げました。また、川口は、苗木の生産量日本一という一面も持ち合わせ、このコントラストが川口の魅力でもあります。

このように、江戸時代から続く農業や伝統工業に加えて、埼玉には明治維新後や高度成長期に発展した新しい工業があります。

伝統工業は、近代後期の商品経済の発達にともなって登場したもので、絹織物や青縞・白木綿などの綿織物、行田の足袋、小川の和紙、そして前述した岩槻の人形など、江戸時代から綿々と受け継いできた伝統技術に支えられて今日まで息づいています。これに対して川口の鋳物は、近世末期に生まれましたが、技術的には明治期に入って飛躍し、明治中期から昭和に至る大きな戦争のたびに向上を遂げたものであり、埼玉のれっきとした地場産業というべきものです。

工業の発展としては、まず大きな契機の1つが廃藩置県。廃藩置県以後、政府の増税や生糸の価格の暴落のなどに特に苦しめられた埼玉県西部の秩父地方の農民たちが、1884(明治17)年、政府に対し借金の据え置きなどを求めて武装決起します。これがかの有名な「秩父事件」の始まりです。この事件の前後には県内の鉄道が整備されだし、製糸業や織物業を皮切りに、県内の工業の近代化が進められてきました。

もう1つが太平洋戦争。戦中は「戦争特需」の波に便乗した形で、県内各地に工場が林立し、軍事用品を生産。戦後には各地に工業団地がつくられ、東京・神奈川の京浜工業地帯から工場が移転してきたことでさらなる発展を遂げました。いまや、埼玉は全国有数の「工業県」として名を馳せます。

「ものづくりの県」とも呼称されるほど、埼玉がつくり出す物産はいずれもハイクオリティであると称賛されます。これもひとえに江戸・東京を隣とする環境ゆえでしょう。目の肥えた、舌の肥えた江戸・東京へ〝納品〟するわけですから、それは手は抜けません。品質の高いものを生産・供給すべく、埼玉県人は血のにじむような研鑽を積んできたことでしょう。そしてそれは結果的に今日の地場産業の発展につながったのです。

©埼玉県2005
秩父地域の木材は江戸時代、飯能地域の西川材とともに大消費地である江戸への木材の供給源でした。

4
意外や「農業県」埼玉

前項でも少しふれたように、江戸時代より絶えず江戸・東京に農産物を収めてきた埼玉。ときには年貢として、ときには食糧難の援助として、ときには……。しかし、辛酸をなめる思いで従事してきた畑作もいつしか地場産業へと発展し、近代の埼玉においては「農業県」として農業を県の基幹産業とするほどになりました。県が成立した1876(明治9)年の人口は89万2662人であり、そのうちの産業人口は圧倒的多数で農業者でした。

東京の台所をまかなう野菜の産地の1つである埼玉の総面積に占める耕地の割合は全国的にも高く22・2%で全国4位。首都圏に農作物を出荷する「近郊農業」が盛んに行なわれています。特に、農業生産額に占める野菜の割合いが高く(42・1%)、コマツナ、ネギ、ホウレンソウ、サトイモ、カブなど多くの農作物の生産量が全国的に上位を占めています。

県東部を流れる利根川や中川、江戸川などの流域は、大半が低地であることから米づくりが盛んな田園地帯です。

▼なぜか知名度抜群、深谷ねぎ

埼玉名産物のＢＩＧ３といえば、深谷ねぎ、川越のサツマイモ、狭山茶でしょう。深谷はネギの生産量日本一の市であり、「深谷ねぎ」は全国的なネギのブランドとして定着しています。スーパーなどで見かけたことのある方も多いことでしょう、あの青々と野太い長ネギを。店頭に並ぶまで厳正な検品があり、優れたものだけが晴れて深谷ねぎとして認可され出荷されます。

その生産量もさることながら、「深谷ねぎ」という語感がいいのでしょうか。生産量以上の力が作用し、深谷ねぎを食べたことがない人でも、「深谷」と言えば「ねぎ」が口をつくのです。「埼玉出身なんだ。埼玉のどこ？」「深谷ってとこなんですけど」「ああネギの」といった具合に。

レスポンスの速さは「浦和」→「レッズ」に勝るとも劣らないとか。でも確実に「川越」→「小江戸」より速いと思います。なぜか。あとはなんだ？「行田」→「ゼリーフライ」……これはないかな……。「大宮」→「アルシェ」これも意外とあります。行ったことないくせに。ＮＡＣＫ５の影響でしょうか。スペイン坂行ったことないけど知ってる、みたいな。「草加」→「せんべい」。「春日部」→「しんちゃん」。「川口」→「風俗街」これもかなり上位でしょう。川口の人には嬉しくないかもしれませんが、しかし事実です……。

ということで、不思議な力も手伝い全国に名高い深谷ねぎ。さらなる周知のため、深谷では「全国ねぎサミット」なる催しが毎年開催されています。日本各地のネギが一堂に集まり、ネギを使った郷土料理の販売や試食会、「おらが里のねぎ自慢」と題した品評会、ネギ生産者交流イベント「Negiトーク」などが行なわれます。〝ネギアイドル〟「Negicco《ねぎっこ》」や深谷ねぎのゆるキャラ「ふっかちゃん」も毎年登場します。この、ふっかちゃん、2014年の「ゆるキャラグランプリ」で、なんと準グランプリに輝き一躍全国区に。SUZUKIのCMにも出演しました。

▼川越イモは所沢産?!

気を取り直して、次は川越サツマイモの紹介もしたいと思います。

有名な川越の蔵づくりの町並みにある「菓子屋横丁」ではサツマイモを使ったお菓子やお土産が人気ですし、町のいたるところでサツマイモを売り出していることから、間違いなく川越が誇る名産物かと思われます。しかし、ここに少々「物言い」が入るのです。

江戸時代「川越イモ」と呼ばれたこれらは、じつは所沢一帯で栽培されていたものなのです。理由は、所沢の気候や地形がサツマイモの栽培に適したことや農地の確保ができたことなど、じつに単純なことです。所沢はあくまで生産地であり、物流に関してはまだ未発達だったため、川越に託します。サツマイモは一度川越に卸され、舟運で江戸へ出荷。江戸では所沢で栽培したことなど知らぬ存ぜぬですから、当然、「川越のイモうまいなぁ〜」となるわけです。そうして江戸で「川越イモ」の名が付きました。

いまや東京のベッドタウン、埼玉有数の都市としての印象が強い所沢ですが、元々は農業や養鶏が大規模に行なわれていた地であったのです。

江戸へ出荷されたサツマイモの評判は絶大で、江戸に「やきいも屋」が開かれるほどでした。このやきいも屋が開業されるや、よほど江戸っ子の好みに合ったのでしょう。たちまち、やきいも屋のない町のほうが少なくなりました。川越が江戸を離れること十三里の武蔵野台地の東北端にあることから、「九里四里《くりより》うまい十三里」と賞せられるようになります。「九里四里」とは「栗より」に通じる江戸っ子ならではの掛け言葉です。

サツマイモ栽培に適した関東ローム層の畑、加えて武蔵野の豊富な雑木林や屋敷林の落ち葉でつくられた天然の堆肥が「栗よりうまいサツマイモ」を育て上げたのでした。

▼静岡、宇治に肩を並べる狭山茶

狭山茶は、深谷ネギのように近代から全国区になったものでも、川越イモのように主に江戸だけで人気を博したものにあらず、江戸時代から全国区のトップブランドでした。

江戸時代、日本人にお茶を飲む習慣が広まったことで、普及した狭山茶。その味については、古くから「姿わるくも色香は深い、狭山銘茶の味のよさ」や「色は静岡、香りは宇治よ、味は狭山にとどめさす」と俗謡によって伝えられています。静岡、宇治に並ぶ日本三大銘茶と言って差し支えないでしょう。ましてやその3つを述べたうえで、味を讃えられているところに説得力を感じます。

さてこの全国的銘茶にも物言いが入ります。さきほど、川越イモの出所を明らかにされたばかりの川越ですが、この狭山茶については川越が発祥の地という説があります。

川越に建つ天台宗の寺院・中院。この境内に「狭山茶発祥之地」と書かれた石碑があるのです。じつは狭山茶の起源は、中院を建立した円仁《えんにん》が、京都から持ってきた茶を薬用として境内に栽培したことにあります。やがて、川越中で広まり、「河越茶」という通称までありました。室町時代には、宇治（京都）・大和（奈良）・伊勢（三重）・駿河（静岡）と並ぶ銘茶の産地として「武蔵河越」の名が挙げられたほどですから、その当時から味の評判は良かったようです。やがて生産地が狭山丘陵のほうへ拡大し、狭山が主要産地となったことで、次第に「狭山茶」へと名を変えます。しかし、現在の狭山あたりもかつては川越藩領に入っていたので、「河越茶」でもあながち間違いではなく、「物言い」と言うほど物々しく審議することもないかもしれません。しかし、発祥は現在の川越の中心地なわけですから、これだけ名高いお茶になった今、川越としてはその名を譲るべきではなかったのかもしれませんね。

19世紀初頭には、宇治茶の製法も取り入れ、より良質の前茶が開発されます。これも出荷先の江戸で評判を呼ぶと、幕末には横浜の開港により、日本からの主要輸出品として需要が急増します。その後、海外輸出を目的に「狭山製茶会社」が設立され、１８７５（明治8）年に、同社はニューヨークに支店を設け、外国の商人の仲介なしで直接輸出するようになりました。味の良い狭山茶はアメリカでも絶賛され、外貨を稼ぐとともに、国内でもより広く知られるようになりました。

かつて1人の僧がお寺の境内に植えた茶が、世界で飲まれるようになるとは、きっと誰も想像し

（上）埼玉南西部に広がる狭山茶の茶畑。（右）川越ではいたる所でイモを食すことができます

同じ深谷ねぎのなかでも「少し贅沢深谷ねぎ」のロゴが入ったものは、一部の高級スーパーに出荷されています

Ⓒ埼玉県2005

なかったでしょう。ちなみに、近代の狭山茶の主要産地はなんと入間。現在、狭山には狭山茶の茶畑はほぼ現存しないとか。入間から南方、所沢周辺でも茶畑が多く見られ、市街地や住宅地の間、間に茶畑が覗くのも埼玉ならではの風景でしょう。また、東京の北多摩地区でも栽培されており、こちらは「東京狭山茶」という通称で棲み分けされています。

▼ちょい田舎暮らし体験

近年の埼玉の農業に関するトピックとしては、「観光農園」が挙げられます。観光農園とは、農産物の収穫体験ができる個人農家の経営する農園、または農業法人のこと。つまり、日帰りで農業体験ができる場所として農家が一般人に畑を解放しているのです。ちょっと土いじりしてみたいけど、重労働はイヤ、泊まり込みするほどじゃない、という都会人をターゲットとした「農業エンターテインメント」事業なのですが、それこそ地の利です。都心から数十分でだだっ広い農地へお連れできるわけですから、埼玉以上の観光農園適地はないでしょう。昨今の家庭菜園ブームやスローライフ、エコ志向の上昇も追い風となり、客足は上々のようです。

大宮の代々の農家なども積極的に行なっていますが、なかなかいいところに目を付けたものです。県下最大の都市・大宮といえど、クルマで10分も行けば、農村風景に出合えますからね。そういった観点では、地方の村落での「本気の田舎暮らし」はしんどいけど、「ちょい田舎暮らし」ならしてみたい、という層にも埼玉には注目が集まっているそうです。

第4章

「日本一」もある！　地場産業・商業・資源で逆襲

1 内陸県唯一の政令指定都市！

自らを「フッーでそこそこ」と位置付ける埼玉および埼玉県人。「フッーでそこそこ」ということは、つまり「なんにもないということでもない」という意味ともとれます。そう、「フッー」であるからこそ「フッー」に自慢できることは、埼玉に多々あるのです。

ここからは、「フッー」な埼玉を「フッー」に自慢しまくりたいと思います！　その先陣として、まずは埼玉が誇る中枢都市・さいたま市にその旗手となってもらいましょう！

▼「大埼玉《だいさいたま》市構想」から新都心へ

埼玉の県庁所在地であるさいたま市は、内陸県にある最大規模の都市であり、「内陸県唯一の政令指定都市」でもあります。念のため、政令指定都市とは政令で指定する人口50万以上の市のことで、地方自治法に定められた日本の大都市制度の1つです。

２００1年5月1日、浦和、大宮、与野の３市の合併により成立したさいたま市。２００５年には岩槻市を編入し、岩槻区が誕生して10区体制となりました。日本で9番目に多くの人口を抱える市であり、新幹線をはじめ周辺各地の鉄道路線が集結する交通の要衝でもあります。人口は、１２１万４０７７人。皆さん、埼玉に１００万都市があることご存じでした？　１９７０年に65万７４２５人だった人口は約40年でおよそ2倍にもなりました。市の平均年齢も41・94歳と非常に若いことも特徴です。

前にもふれたように、合併におよぶ歴史は長く、具体的に計画（「ＹＯＵ And Ｉプラン」）が立ちあがったのは１９８０年とこれもまたずいぶんと前に感じますが、じつは、水面下では、第二次戦争前から議題にあがっていました。このころの計画名は「大埼玉市構想」。「だいさいたま」……、思わず肝を冷やすネーミングであります。のちに「ダサイたま」と揶揄されることなどつゆ知らず……。

このさいたま市の新しい中心地となるべく誕生したのが、「さいたま新都心」。埼玉県にありながら「都心」と銘打ってしまうあたりに、「まあだ、東京都の威を借りようとしてんのか？」とつい懐疑的になってしまうのは筆者だけではないでしょう。まあ、東京都の「都《と》」ではなく、「都《みやこ》」としての中心という意味だよね、ということで話を進めます。ただ、合併計画が発足した１９８０年当時は、巷間で「東京への首都機能、一極集中」が大きく問題視されていたころだったので、さいたま新都心は東京都が果たす首都機能を肩代わりすべくつくられた側面もあります。つまり首都機能の分散化。東京の丸の内・霞が関エリアだけでなく、その近隣都市に重要な省庁などを移転し、それに伴い大企業の本社機能などもそれぞれ誘致しようというものです。千葉の幕張や茨城のつくばなども同じケースですね。

ともすれば、首都移転を狙っていた……？　とまことしやかに噂されるさいたま新都心ですが、丸の内・霞が関エリアからの出先機関がぼちぼちと設置されるものの、むろん各省庁の〝本店〟はまだ東京にあります。ただ、「業務核都市」としての役割からすれば、都心からのアクセスは他の業務核都市よりも至便ですし、まだ開発の余地がある〝空室状況〟も考えれば、本気で都市機能の分散化が図られた場合、「最適値」として指名されるのではないでしょうか。同じく近隣都市の横浜などは、都市としては強大になった反面、そのような〝余地〟が残されていないといえるでしょう。だからしてさいたま新都心こそ21世紀の官僚街にふさわしい？

ところで、このさいたま新都心、かつては与野のごく庶民的な住宅街でした。それがさいたま新都心におよぶ再開発もとい「彩開発」により、高層オフィスやホテルが急激に林立したことで〝摩天楼〟化しています。しかしさいたま新都心駅から200～300ｍもすれば、やおら〝昭和〟が顔を出し、思わずのけぞります。中国の上海よろしく、新造都市はまだまだ発展途上。目立ったランドマークも「さいたまスーパーアリーナ」くらいしかなく、まだまださいたまとしての中枢機能は浦和や大宮に預けている恰好になっています。

そもそも合併案がなくとも、旧浦和市と旧大宮市はそれぞれ政令指定都市に指定されていたかもしれないほどの都市。その2つの都市の合併だけに、さいたま市の誕生は史上空前の埼玉ニュースだったわけですが。まあ2市にまたがるより、1つの大きな行政単位として存在していたほうがなにかと便利がよいのは当然でしょう。

▼ハイソな文教地区――浦和

旧浦和市は、埼玉県庁が置かれて以来、裁判所や県警察などの行政機能が集積し、埼玉における「行政の中枢」の役割りを担っています。

関東大震災での被害が小さかったこともあり、大正時代以降、東京や神奈川からの移住者が相次いで人口が増えた旧浦和市。かつて、瑛九や高田誠など名だたる画家たちの活動拠点として知られ、「鎌倉文士に浦和画家」と呼ばれるほどの文教地区であったこともあり、とても文化的で品のよい町であることは意外と知られていません。そのことには、サッカー先進地としての側面やなによりそれにおよぶ浦和レッズの印象が、本来、雅趣に富む町の印象を霞ませてしまったのかもしれません。ただ浦和レッズによる「浦和」の宣伝効果は充分すぎるほどの功績にあたりますが。

あまたの文化人を輩出した磁場からか、浦和は田園調布や芦屋に並ぶ高級住宅地を形成していきます。いま耳を疑った方、もしくは2度見した方、浦和は「日本3大高級住宅地」と呼ばれていたハイクラスな地域なのですよ！　事実、現在の浦和区や南区がそこにあたり、生け垣や高い塀を備えたお屋敷が建ち並んでいます。

文教都市たらしめる要因のもう1つに、名門校が多いことも挙げられます。その筆頭となっているのが、国内有数の進学校・県立浦和高校（通称「浦高」）。偏差値は県内で他の追随を許さず、2007年には全国最多33人もの東大合格者を出しました。憎いのはオツムがいいことだけではないこと。文武両道を地で行く浦高は、サッカー全国選手権を過去3度制覇。むろんOBは学者、政治家、実業家からスポーツ選手、アーティストにおよぶまで人才済済。

東京都心への利便性がよいこともあり、合併前から県下最大の人口を擁していた旧浦和市。合併後の現在も、旧浦和市域単独でも人口が50万人を超えています。

▼何でもある大宮——東京に出なくていい時代の到来

旧大宮市は明治時代の熱心な鉄道誘致により、大宮駅を開業。その後、大宮駅北側に国鉄大宮工場を建て、明治後期には南方（旧与野・浦和両市にもまたがる）に大宮機関区（現・大宮運転区）と貨物操車場を設置。また東北・上越新幹線の開業後、両新幹線の沿線では盛岡・新潟と並び、特に新幹線効果を享受した都市として知られています。このような経緯から大宮は「鉄道の町」と呼ばれるようになりました。

JR東日本発表によると、大宮駅を利用する1日平均乗車人数は約24万人で、第8位。新宿駅や渋谷駅など全国に名だたるターミナル駅が上位を占めるなか、東京の駅以外でベスト10にランクインしているのは横浜駅と大宮駅だけなのです。「でも所詮、埼玉でしょう?」と思うなかれ、実際、初めて大宮駅に降り立った「所詮……」とあなどっていた者は、皆、口が開きます。〝逆〟田舎者です。駅ビルは「ルミネ1・2」に「ecute」も併設、開けた西口には「そごう」に「丸井」に「東急ハンズ」、「大宮アルシェ」、「大宮ソニックシティ」。東口はやや〝昭和〟が薫りますが、「高島屋」が昔から君臨。おじさんたちのオアシス「南銀《なんぎん》」は相変わらず健在。そう、感覚的な言い回しをさせてもらえば大宮には本当に「何でもある」のです。

コラムで「すべての埼玉県人は池袋に依存する」というような主旨の論述をしましたが、近年においては、その傾向に変化が表われているようです。大宮の充実ぶりを見ていただければわかるように、「埼玉から出なくていい」のです。これを「回帰」と呼んでいいものかはためらいますが、これは現代人特有の「お買い物の動向」にも即しているようです。

埼玉だけの話ではありませんが、日本の高度経済成長に伴い、大都市に人口が過密したことで、近隣の郊外に人口が分散したことはこれまでも述べてきました。その傾向が特に顕著な地域こそが埼玉であり、大宮や浦和、所沢、川口などであります。それにより郊外の町が中都市化し、機能も適度に充足していきます。すると当然、「地元で事足りる」という動向が生まれ、いわゆる「ジモティ化」（死語？）していきます。「郊外定住時代」とも呼ばれるこの現象により、大宮には前述のような施設があるのだから、浦和にもパルコや伊勢丹があるのだから、所沢にも西武やジャスコがあるのだから、東京に出る必要性がないのです。ましてやインターネットの時代。それでも地元にない物はネットで買えばいい。

むろん、大宮で買い物をしている人がすべて大宮在住というわけではなく、上尾や桶川、北本、蓮田はおろか川越や熊谷から訪れる人もいます。しかも、この人たちも、「もう」池袋には行かない。ましてや新宿、渋谷にも行かない。県内の大宮で事欠かないからです。郊外のなかで、一種の自立および完結したこの情態は「脱・東京」、ひいては「脱・ダサイたま」しかけているのではないでしょうか。もう、東京で遊ぶことがステータス、埼玉で買い物しているところを埼玉の友達に見られたくない、という時代は終焉を迎えようとしているのです。

▼リアル田園都市「プラザ」

高級住宅地の一面を持つ浦和の紹介をしましたが、大宮にも〝らしき〟住宅地があるのです。旧大宮市の西部にあたるさいたま市西区にそこはあります。その名も「プラザ」。ナニナニプラザなどではなく「プラザ」。1971年から1975年にかけて開発され、当初は「大宮プラーザ」と呼称されていました。この「プラーザ」でお気づきの方も多いでしょうが、この住宅地は「たまプラーザ」など横浜の片田舎を見事ハイソタウンに仕立て上げた東急が手がけたもの。

じつはこの住宅地とその主《あるじ》が東急であることは、筆者もつい最近知りました。かねがね、「田園都市」とか言ってオシャレぶってるけど（実際オシャレだけど！）、風景や利便は埼玉の外れと変わらんじゃないか！　なんだこの違いは！　と憤っていた筆者。それもなぜか西武に矛先を向けて。西武はなにやっとんじゃ！　あのやり方をパクらんかい！　と、埼玉県人のアイデンティティを踏みにじるような論調で。しかし、「ご本人（東急）登場」してました。すみません。まず、西武さんすみません。そして埼玉県人のみなさんすみません。

そして東急さん、ちゃんと見るとこ見てるじゃないですか！　田園都市の成功メソッドを次に生かすべき地は、やっぱり埼玉と。そういうわけですね。ところがそういうわけではありませんでした。というより、「そうはいかなかった」ようです。現在のプラザはそこはかとなくハイソな香りはするものの、どこか人の活気がない、時間が止まったような空気が漂います。それもそのはず、「1975年にかけて開発され——」と前述したとおり、プラザはそれから35年余もの間、〝放置〟されているのです。やはり同じ田園でも、海なし県のほうの田園は、冗談抜きに田園、マジ田園、リアル田園、リア田だからだろうか？　それとも列車の行き着く先が二子玉川・渋谷ではなく大宮・池袋であるからだろうか？　はたまた、県内にぬかりなく西武系施設を配置する西武グループおよびさいたま市で圧倒的な勢力を誇るJRに屈したのでしょうか？　理由は明示されていませんが、35年以上も東急がお手上げ状態になっているプラザ。もう1度重い腰を上げてはくれないだろうか。

2013年、東急電鉄が埼玉に乗り入れをすることが発表されました（田園都市線ではなく、東横線ですが）。このニュースに埼玉側は「横浜が近くなる！」「代官山や自由が丘とつながる日がくるなんて！」と色めき立ちましたが、あちらさんの心中はいかがなものだったのでしょうか。アクアラインが開通したときの神奈川側の心境と似通っていたのではないでしょうか。ともあれ、これを契機として、また埼玉の「田園都市化」に東急がひと肌脱いでくれることを願ってやみません。

その先にはきっと「逆襲」を叶える未来が待っているはずです。しかし、こんなこと堤康次郎が聞いたら泣いちゃうな……（西武グループの総帥〈故人〉。東急の総帥・五島慶太とはかつて血で血を洗うほどの抗争を繰り広げた）。

▼マイペースの岩槻と与野

さて、うまいこと逆襲の提案をしてこの項を締められたな〜、とほくそ笑んでいたのですが、政令指定都市・さいたま市は浦和と大宮だけじゃない！　という声が右から左から聞こえてくるので、（簡潔に）紹介しましょう。

右、の旧岩槻市はかつて岩槻城を擁した城下町。先にふれたとおり、埼玉の県庁は当初岩槻に置かれる予定であったことからもわかるように、江戸時代には埼玉の中心的な町でした。昔からの伝統工芸が息づいており、東武野田線・岩槻駅東口にはひな人形を専門とする人形店が集積していることから、「人形の町」として全国的に知られています。東京7号線（埼玉高速鉄道）の延伸が計画（蓮田まで）されており、町の利便性はさらに高くなると期待されています。

左、の旧与野市も明治に元号が変わった当初は、浦和、大宮の両宿場町よりも栄えており、当時は「大きな用事は与野でする」と言われたほど。しかし、明治初期に住民が鉄道の建設に反対したため、鉄道が市域の東側（つまり浦和方面）を通ることになり、発展から取り残されて衰微してしまいます。その後は、県都としての機能が集積した浦和と、交通の要衝として発展した大宮に挟まれた住宅街としてその役目を担います。しかし、電車が通らねば道路だ！　といわんばかりに、旧市内域を通る国道17号を拠点に、自動車とその関連作業が興隆。17号線沿いには自動車整備・修理工場と、自動車ディーラーが多く建てられたため、「自動車の町」「産業の与野」と呼ばれるようになります。

合併の折も、与野が地理上さいたま市の中央に位置することを旧与野市長が主張し、ここぞとばかりに「中央区」という名を勝ち取りました（当初は岩槻は合併していなかったことから、与野あたりがさいたま市の中央でした）。これに調子をよくして「我らこそ県都の中心である！」と言ったかどうかはわかりませんが、突如さいたま市の中央として躍り出た与野。いや、与野という地名はもうない。まさに「名を捨て実をとった」といえましょう。独自の産業も含め、転んでもタダでは起きない気骨が垣間見えます。

合併後もマイペースに日本人形と桐細工をつくり続ける岩槻と、独自の路線を突き進む与野。ある意味この2地域は自己流のスタイルが確立しているようなので、大きな課題はなさそうです。ないとしておきましょう！「逆襲」のためテコ入れすべきは、やはりさいたま新都心。せっかく開削したというのに、まだまだ土地があり余っている模様。しかし逆に言えば、まだまだ「伸びしろ」があるということ。この更地になにが出来るかで、新都心の真価は決まってくるでしょう。でも、スーパーアリーナがあるのにまたハコモノっていうのも芸がないなあ……。そもそも埼玉が打ち出す新しい観光施行ってハコモノばかり。このあたりの考え方から打ち破らないといけません。

2

県内総生産、人口ともに全国5位！

この40年間で人口が倍近くにもなった埼玉。その数じつに720万4353人。この人口数は、ライバル千葉よりも100万人多いどころか、全国でも第5位に位置づけます。人口増加の推移はこれまでも何度かふれましたが、この人口増加と比例するように大きく伸び率を上げたのが「県内総生産」。こちらも全国5位（6位は千葉）。しかも、内閣府による最新公表の年度（2010年）から過去8年連続で5位をキープしております（6位は千葉）。上位は東京、大阪、愛知、神奈川という〝不動〟の順位。しかしこの並み居る強豪県に続く第5位、しかも貿易港や臨海工業地帯を有さないというハンディがありながらの第5位ですから、これは充分慢じてもいいのではないでしょうか。

県内総生産とは、国内総生産（GDP）の都道府県版で、国民経済計算に準拠して計算された都道府県レベルの経済活動状況の推計。つまり、企業や個人が年度内に新たに生み出したモノやサービスの価値を金額で表わしたものです。

ちなみに、埼玉の県内総生産は、ここ数年、20兆円強を堅持していますが、この数字はアラブ首長国連邦の国内総生産より多いのです。世界で40位前後の「国」に相当する経済規模を誇る埼玉「県」なのです。

埼玉で盛んな産業といえば、まず農業。これについては、項を設けて前述したとおり、古より綿々と受け継がれてきた第一次産業であり、現在でも県総面積に対する農地面積率は全国4位、農業産出額は第6位と変わらず活況を呈しております。

第二次産業では依然、工業が盛んで、製造品出荷額は全国5位を誇ります。輸送用機械の占める割合が高くなっていますが、近年東京から県南部の新座市に印刷関係の工場が移転したこともあり、印刷物の出荷額は東京に次いで多く、食料品や金属製品の出荷額も全国的に上位を占めています。

▼秩父のセメント

埼玉の工業を語るうえで欠かせないのが古い歴史をもつ「秩父のセメント」。

秩父と横瀬にまたがる武甲山からセメントの原料になる石灰石が採れるため、秩父地方では1925年ごろからセメントの製造が始まりました。武甲山は関東の名山の1つで、古くから信仰の山でしたが、石灰石の採掘で大きく姿を変え、標高が32m低くなったという逸話もあります。どんだけ採るんだ石灰石……。また、秩父といえば秩父銘仙をはじめとした昔からの絹織物産業。そして近年では電子産業の発達がめざましく、「キヤノン電子」などが秩父に本社を構えています。

埼玉の「新しい工業」は、川越・狭山工業団地をはじめ、久喜工業団地など、30以上の工業団地の工場から多くの製品を生産しています。乗用車、トラック、バスなどの輸送機械の部品、テレビ、ステレオ、クーラーなどの電気機器、カメラ、時計などの精密機械を中心に、セメント、食料品、繊維など、全国および世界中に工業製品を出荷しています。海なし県のため、臨海工業地域より発展はやや遅れをとりましたが、いまでは押しも押されぬ「工業県」です。

工業県へ成長を遂げたのも、その臨海工業地帯との地理関係が如実に結びついております。いま一度おさらいしておきましょう。

関東大震災のあと、工業も復興し始めた東京は、その工場建設立地を南（神奈川）のほうに向けました。これを受けて、川崎・横浜地方も、地元の工業復興を重視しました。この結果、東京と川崎・横浜の間に「京浜工業地帯」が形成されるにいたりました。

満州事変のあと、準・戦時体制から戦時体制への転換期に生産力拡充の意味から重工業が飛躍的に発展し、いわゆる「戦争特需」が生じます。しかし、これにより京浜工業地帯は飽和点に達してしまいます。すると工業的発展はおのずと東京の北部へ向かい、さらに埼玉南部におよびました。

そもそも、それ以前から工場や人口が過密していた京浜工業地帯では、土地の値上がりや工業用水の不足、道路の渋滞、公害などのさまざまな問題が発生していました。そこで、東京に隣接しながら、工業化が遅れていた埼玉です。これ好機とばかりに、工業団地の開発に推進し、工場誘致を励行します。その狙い通り、移転先を求めていた京浜工業地帯の工場が、次々と進出してきたのです。

この業況と並行して、県および各市町村には「工業誘致委員会」なるものが発足されました。工場誘致のため、道路の新設を斡旋したり、誘致に成功した市町村には助成金・奨励金を支給するなど、県下史上最大級の事業を遂行しました。この「埼玉総工業化」におよぶ企図は、「埼玉県」成立後、全域が「はじめて」足並みを揃えて尽力した「独自」の事業であり、県として「はじめて」の成果を挙げた事例といえるのではないでしょうか。

埼玉にはもともと「ものづくりの県」としての素地がありました。秩父の絹織物、岩槻・鴻巣の人形、小川の和紙、春日部の桐箪笥や麦わら帽子、加須・羽生の鯉のぼりのような伝統的工芸品のほかにも、行田の地下足袋、草加のせんべい、川口の鋳物など、地域に根ざした伝統的な特産品が昔から生産されています。岩槻人形の出荷高は日本一です。行田足袋は、江戸時代に行田地方に住む下級武士の家族の内職として始まったものです。最盛期には、全国生産量の8割を占めていました。

江戸時代から続く農業や商業、伝統工業に加えて、高度成長期に発展した新しい工業がある埼玉。県内総生産第5位もうなずけるというものです。

ちなみに「県民所得」も過去15年間、第5位をキープしています（6位は千葉）。

工場は主に平地部に集まっており、輸送用機械（自動車）や、一般機械、化学、食料品などの工業が発達しています。秩父地方では電子産業が、西部地域では自動車関連の産業が盛んです。

▼「世界のホンダ」も埼玉に！

自動車メーカーや自動車部品メーカーが数多く集まったことの契機は、１９５１（昭和26）年に、世界的な自動車メーカー「本田技研工業」が和光の白子に工場を建設したことにあります。このことは工業化を目指す埼玉にとって大きな出来事であり、至極当然に和光は工業都市として発展します。白子工場の2年後には、ホンダ初のスクーターが研究開発された大和工場が、１９６４（昭和39）年には狭山工場が、２００９年（平成21）年には小川工場が、２０１１（平成23）年には寄居工場が操業を始めました。

和光・白子工場は一時、廃止されますが、２００４年に工場跡地に日本国内本社機能の一部が和光へ移転し「本田技研工業〝和光本社〟」として設立されます。また、「本田技術研究所」も和光に〝世界本社〟を構えます。ほかにも埼玉の荒川河川敷には小型飛行機専用の滑走路やヘリポートを備える「ホンダエアポート」があり、一般向けにヘリコプターや小型機での遊覧飛行やチャーターサービス、各種操縦訓練、埼玉の防災ヘリコプターの運航受託、救急ヘリでの医療搬送サービスなどを行なっています。

こうして埼玉は「世界のホンダ」のお膝元として文字通り大車輪の活躍をします。

▼モデルも愛用「ファッションセンターしまむら」

また、これぞ「埼玉ブランド」なる、埼玉に本社機能を持つ企業を紹介しましょう。いまや埼玉に留まらず、全国展開をしている企業ばかりです。「えっ、アレ、埼玉なの？」と初めて知る方もいることでしょう。

まず、「しまむら」。そう、「ファッションセンターしまむら」です。近年ではさるファッションモデルが愛用者であることを公言してから「しまらー」なる造語が生まれるほどの旋風を巻き起こし、いまでは全都道府県に店舗を抱えるほか、台湾など世界へも進出しています。しかし、埼玉県人にとっては、「あの」「近所の」しまむら。設立は１９５３（昭和28）年まで遡ります。

小川町で産声をあげた「島村呉服店」は、現在さいたま市（大宮）に本社を構えます。設立当時、というか、つい15年ほど前までは、しまむらは「いかにも埼玉らしい」というイメージのブランド、いや「町の洋品店」でした。「若い子」というよりは小っちゃい子ども、または、おばちゃんが安価な服を求めて足を運ぶ店でした。子どもも中学生にもなれば、しまむらを着ていることに次第に恥ずかしさを覚え、「しまむらに入っているところを地元の友人に見られる」ことは自分の沽券にかかわる一大事であり、ましてや男子なら母ちゃんと行っているところを発見されようものなら、次の日は学校に行けないほどでありました。

「ファストファッション」なるヨコモジを使い、国民をマインドコントロールした某ユニクロが、安価な服の活路を開いてくれたおかげかどうかはわかりませんが、長いものに巻かれるような形で、しまむらも時代に即したファッション性や品質を重視する方針にシフト。そして、それまで取りこぼしていた10～20代の「若い子」をターゲットにし、今日の躍進につなげたのです。

「しまむらが『おしゃれ洋服屋（笑）』として、取り上げられるようになるとはいまだ信じられません。子どものころから普通に近所にあったから利用していましたが、『安かろう……』というイメージしかないので……。『これ、しまむらで買ったの～』なんて口が裂けても言えなかった。むしろしまむらで買ったことを隠していたくらい。だから、都内に進出していいのか？　こんなちゃっちい洋服屋が？　というのが正直な気持ちです」とは出身者の女性の弁。うれしい反面、フクザツな気持ちも……、というところでしょうか。

▼海なし県から「かっぱ寿司」

「かっぱ寿司」は現在さいたま市（大宮）に本社がありますが、県内一号店は八潮《やしお》。けたたましいほどの「♪かーっぱ、かっぱ、かっぱのマークのかぁぱずし！」というフレーズはテレビＣＭなどで耳にしたこともある人も多いのでは。

一皿一律１０５円にしたことや、チープに外出・外食をする「安・近・短」なる世の風潮も追い風となり、かっぱ寿司は連日満席。週末にもなれば大型店舗であろうと列をなすほどになりました。いまでは回転寿司チェーン四天王としてくくられています。

ちなみに、「かっぱ」という店名は、創業当時、回転寿司の皿を水流で回しており、その浮かぶ皿がかっぱのお皿に見えたことに由来しているらしいです。いろいろと斬新な発想ですが、そもそも創業者はかっぱを見たことがあるのでしょうか。いや、あるに違いない。野暮なことは言うまい。大ニュースですね。

さきほどの「♪かーっぱ、かっぱ」のCMで登場するのは、かっぱ谷に暮らす兄妹カッパ。妹思いのカーくん（5歳）と甲羅がハート型のパー子ちゃん（3歳）。同社ではこの兄妹をやたらと推し、グッズまで開発しました。ぬいぐるみ、おもちゃはおろか文房具まで、これが意外や好調というのですから、つくってみるものです。

こうしたグッズのほか、子どもの心をガッチリつかんだのが、「特急レーン」。新幹線の形をした寿司のトレイが、「特急レーン」と呼ばれるレールの上を走って運んでくるのです。この新幹線は厨房を出て、まっしぐらに席の横まできてピタッと止まってくれます。これは子どもにはたまりません。新幹線のデザインは700系もしくはN700系を模しているようですが、E5系やドクターイエローなど店舗によって違うデザインも散見されます。最近では上下2段式の特急レーンが設置されている店舗もあります。新幹線の運転士はいずれもかっぱという芸の細かさです。

同じく盛況の「がってん寿司」も埼玉が本社ですが、海なし県埼玉で、寿司がこれほどまでに消費されるとはなんという因果でしょうか。海なし県だからこその反動？

そんな、海を渇望する県民性からか埼玉は寿司屋の数が全国6位（チェーン店、個人店含む）。

むろん内陸県ではダントツの1位で、なんと海に面するライバル千葉よりも多いのです。

▼安くておいしいイタリアン「サイゼリヤ」と安くて早い「山田うどん」

「サイゼリヤ」。安くておいしいイタリアン、もう何時間でもいられちゃう、みんな大好き「サイゼ」も埼玉の吉川に本社があり、本工場も吉川です。

「スパゲッティをラーメンと同じ価格で提供する」という理念のもと、徹底したコストダウンを通じて低価格メニューを充実。全メニューを食べても4万6000円ほどだというから驚きです。

近年の不況による外食離れの中でも支持を集めており、店舗数は通算1000店を超えました。

「山田うどん」。全国規模で200店舗以上展開していますが、うち183店舗が埼玉を中心とした関東1都6県での展開なので、関東以外の方はもしや存じないかもしれませんが、山田うどんこそ「キング・オブ・埼玉チェーン店」です。もともと「うどん県」である埼玉で、山田うどんの名をしらぬ埼玉県人は九分九厘いません。

所沢に本社を構える山田うどんの歴史は古く、会社としての創業前に設立した製麺所は1935（昭和10）年に開業。その後、1953（昭和28）年、「有限会社山田製麺店」を設立します。当時、うどん1杯の一般的な価格は70円位でしたが、山田うどんは半値の35円で提供し、その安さとうまさで大きな人気を得ました。

山田うどんのあるこれぞ埼玉な風景

筆者が初めて山田うどんを食べたのは、四半世紀ほど前でしょうか、その当時も相場の半値、たしか１８０円だったと思います。しかし、そのころ１９８０年代の山田うどんは、ファミレスの台頭もあり苦戦していた時期であったことは後になって知りました。山田うどんはその打開策として、ファミレスには入りづらいというブルーカラーの客層を重要視したメニューを考案し、生き残りを図ります。その方向性に伴い山田うどんは「早さ」も重視。注文から約50秒～１分間程度でゆでて完成するというサービスも山田うどんの特徴として確立します。

その安すぎるほどの安さ、早すぎるほどの早さ、シンプルすぎる屋号、謎のやじろべえのメインキャラクター、ＦＭ ＮＡＣＫ５や文化放送で流れる「いらっしゃいませ。山田うどん」のスポットＣＭ、そして店内に漂うとにかく

「ユルい」ムード。これらが渾然一体となり、不思議な魅力を醸し出す山田うどん。「不思議な魅力」という抽象的な評価はあまり好まない筆者ですが、それしか言いようがありません。

もしはじめて山田うどんを知った方は、近しい埼玉県人に「今度山田うどん連れてって」とふってみましょう。するやいなや「なんで、ダウドン知ってんの?」と話に花が咲き、その埼玉県人とより打ち解けることができるでしょう。


さらに、ザ・埼玉ブランドなところですと、埼玉のみで展開しているカフェレストラン「るーぱん」(本社・行田)。コスパ抜群のピザやパスタと山田うどんよろしくユルい空気感が、長きにわたり埼玉の若者たちに愛され、〝部室化〟しています。なお、埼玉県民ピザ初体験部門では、「るーぱん」と「馬車道」(本社・熊谷)が長くその座を争っています。

「3割うまい‼」のキャッチコピーでおなじみの「餃子の満州」(本社・坂戸)は、西武線沿線を中心に、都内、関西にも展開。キャッチコピーの由来は「他店よりも3割うまい」という説と「材料費が売価の3割」という説があります。

中華といえば、さいたま市圏のみで展開する「娘娘《にゃんにゃん》」。同店のスタミナラーメンや炒麵、スタカレーは同圏ではもはやソウルフード的存在。「娘娘」と同流派で、同じく大宮・浦和界隈で勢力を拡大していった「漫々亭」の存在も忘れてはなりません。

あとは列記していきましょう。もしや埼玉県人でも知らない企業も入っているかも?

ラーメンチェーン店「日高屋」(さいたま市・大宮)、焼肉の「安楽亭」(さいたま市・与野)、「ステーキのどん」(鶴ヶ島)、「がってん寿司」(熊谷)、「三国コカ・コーラ」(桶川)、ガリガリ君の「赤城乳業」(深谷)、〝わたぼく〟の森乳業(行田)、スーパー「ヤオコー」(川越)、スーパー「ベルク(Belc)」(寄居)、スーパー「マミーマート」(さいたま市・大宮)、ホームセンター「島忠」(さいたま市)、通販カタログの「ベルーナ(BELLUNA)」(上尾)、「キヤノン電子」(秩父)、ヘルメットの「アライ(Arai)」、「八木アンテナ」(さいたま市・見沼)、土地活用の「三光ソフラン」(さいたま市・大宮)、そして西武グループ(所沢)――と。枚挙にいとまないので、このへんで。

最近のニュースでは、ホームセンターをチェーン展開する業界トップ級の「カインズ」が、本社を2012年に群馬から本庄の上越新幹線「本庄早稲田駅」前に移転しました。まだまだ「埼玉本社」増殖の波はとどまることを知りません。

知る人ぞ知るところでは、世界に名声をはせるフルートメーカー「ムラマツ」も所沢。「MURAMATSU」のブランド名は世界的にも名高く、世界中のフルート奏者のシェア6割以上を誇ります。創業以来一貫してハンドメイドにこだわるフルート界で知らない者はいないメーカーなのです。

ここまで産業、商業、工業に焦点を当て埼玉自慢してきましたが、観光業のほうはどうでしょう。「誇れる名所や景勝地がない」などと出身者は嘆きますが、これはまた項を設けて紹介しましょう。

3
「日本一!」日本が埼玉を誇る日

本社の数もさることながら、「日本一」の数もじつは多い埼玉。埼玉県人でさえ「えっ、そんなものあるの?」と耳を疑うかもしれません。有名なところから列挙していきましょう。

▼日本一暑いアノ市、晴れ日も

真夏日の続く天気予報で見ない日はありません。熊谷の映像を。かげろうの演出をほどこした熊谷駅前、ハンカチを日よけに歩く熊谷の女性、公園のベンチに横たわる熊谷のサラリーマン、水場で遊ぶ熊谷の子ども——。いまや暑さを全国民に伝達する共有映像、埼玉・夏の風物詩です。熊谷がどこだかわかっていない人でも「ああ、あの暑いところね」という知名度。かつてはその暑さだけが取り上げられることに、不快指数を募らせていた地元民ですが、最近は開き直ったのか、暑さにやられたのか、「日本一暑い市」を打ち出す戦法に切り替えました。ところがこれが意外や反響があり、まず他県が反応。たとえば大阪の枚方が「いやいや、ウチのほうが暑いで！」と宣戦布告に出たのです。これが、地元民の心をくすぐりました。「いやいや、熊谷のほうが暑い！　歴史が違う！」と団結力が芽生えたのです。

そして２００７（平成19）年８月16日に最高気温40・９℃を観測し、日本国内史上最高値を叩き出しました。これに調子をよくして（？）翌年には熊谷駅に冷却ミストを導入。「あ〜、こりゃいいわ。なにせ暑くてかなわん！」と言わんばかりに、暑さを猛アピール！

真夏の王者・熊谷の防衛戦はこれからも続く。

前述しましたが、元々埼玉は晴天が多く、過去10年間の「快晴延べ日数」５８５日という数字も日本一なのです。

▼暑い日はアイスクリームをどうぞ

大消費都市・東京に近いという利点を生かし、食品工業も盛んです。なかでもデザートや菓子類が多くつくられています。アイスクリームや洋菓子の出荷額は日本一。でもまずは、熊谷が消費しないと！

ちなみにケーキの消費量も日本一。自分で出荷して自分で食べてます。これぞ地産地消ですね！

▼パスタに夢中

ケーキに続き、パスタの消費量も日本一。これはなんでしょうか、やはり「サイゼリヤ」の本社が埼玉にあるからでしょうか。だとするとこれも地産地消ですね。主な消費地はさいたま市の浦和のほうらしいのですが、気高い浦和のことです。サイゼなどには行かず、瀟洒なイタリアンで有機野菜のパスタをお召し上がりかもしれません。

▼市の数と人口密度

平地の多い埼玉は、東京オリンピック（１９６４年）のころからの経済発展に伴い、東京に近い南部で宅地化が急速に進みました。埼玉の人口上位5市は、さいたま市、川口市、所沢市、川越市、越谷市といずれも東京都にほど近い地域に集中していることがわかります。これらの都市には、東京へ通勤・通学する人が多く住み、「埼玉都民」などと呼ばれています。また、市の数は39にのぼり、これは日本一の多さです。

このなかで、県南部に位置する蕨は、面積５・１㎢で日本一小さい市。しかも、東京に近く交通の便もよいため人口も多く（７万１６００人）、市としての人口密度が日本一です。

▼川の国埼玉

荒川・利根川の二大河川や、長瀞、飯能河原などに代表される清流など、水辺空間に恵まれている埼玉。県土に占める河川面積の割合は3・9％で日本一です。荒川の鴻巣・吉見間の川幅は2537ｍでこれも日本一。寄居には「かわはく」なる巨大な川の博物館があり、休日は親子で賑わっています。

▼桃も端午もお任せあれ

岩槻・鴻巣に代表される伝統的手工芸品のひな人形。昭和37年以来47年連続して日本一の出荷額を誇っています。同じ伝統工芸として加須の鯉のぼりの生産量も日本一。節句に強い埼玉なのです。

▼元気とキレイを日本で一番支えます

埼玉は、医薬品生産高が約6825億円で日本一。国内の医薬品の約10％を県内の工場で製造しています。さらに、化粧品の生産高は全国2位。日本の「元気」と「キレイ」は埼玉が支えます。

▼少数精鋭で〝彩〟強の行政を目指す

県民1万人あたりの県職員数は12・1人で、これは日本一の少なさです。全国平均の約半分。より効率的な行政運営を行ない、最小の費用で最大の効果をあげる「最小・最強の県庁」を目指しています。

▼地域ぐるみでつくる安心・安全

「自分たちの地域は自分たちで守る」を合言葉に、防犯パトロールなどを行なう自主防犯活動グループ「わがまち防犯隊」。その団体数4996は、同様の取り組みを行なっている都道府県に約1000もの差を付け、ダントツ日本一です。

▼国内最大の円墳

行田の「埼玉《さきたま》古墳群」にある丸墓山古墳は直径105メートル。円墳としては日本一の大きさを誇ります。時代は下って上杉謙信や石田三成がここに陣を張ったとも伝えられています。

▼農産物の産出額

農地面積率全国4位、農業産出額6位という「農業県」である埼玉の一面はこれまでも述べてきました。さらに品目別に見れば、日本一があります。

産出額全国1位の品目は、ネギ、ホウレンソウ、サトイモ、コマツナ、パンジー（苗）。

ちなみに、全国2位は、カブ、エダマメ、ユリ（切花）、チューリップ（切花）。全国3位は、キユウリ、ブロッコリー、ミズナ、洋ラン（切花）、洋ラン（鉢物）、花木類（鉢物）となってます。

▼日本一長いケヤキ並木

北浦和駅西口から国道17号線を越えると、所沢までのおよそ17㎞の沿道に２４１７本のケヤキが植えられ、緑のアーケードがつくられています。この長さは日本一とされています。ちなみにケヤキは埼玉の県木です。

そのほかにも、「全国高校サッカー選手権大会の県勢代表校の通算優勝回数・勝利数（ただし戦後）」、「足袋の生産量」、「中華麺の出荷額」、「長瀞の岩畳の面積」、「自転車保有率（76・９％）」、「浦和レッズの私設サポーター団体の数（世界一）」、「山田うどんの店舗数」など日本一ラッシュ。自転車保有率に関しては、埼玉県人はエコに関心が強いから、とポジティブに捉えていいでしょうか？

個人的に気になった日本一を最後にもう2つだけ。

▼現代版ギリシャ神殿。日本一の地下放水路

台風・大雨などによる増水時、中小河川の水を地下に取り込み、江戸川に流す首都圏外郭放水路。

春日部の地下50メートルの深さに建設された、全長6・3㎞の放水路は、毎秒プール1杯分、200トンもの水を排出でき、この量は日本一とされています。

▼ホンモロコで骨元気

埼玉県農林総合研究センター水産研究所が全国に先駆けてホンモロコ（コイ科の淡水魚）の養殖技術を開発。いまでは原産地である琵琶湖の漁獲量の約3倍にあたる年20トンの生産量を誇り日本一。旬は10月から2月。コイ科の中で最も美味と言われ、カルシウムが豊富。京都の料亭などでは「超高級食材」と珍重されているそうです。

加須の「鯉のぼり」（加須市HPより）

「なんにもない」とふさぎこんでいた埼玉県人のあなた。10も20も埼玉に日本一がありますよ。日本が埼玉を誇る日は近いですよ。

4 香川に次ぐ「うどん県」

日本一とはなりませんでしたが、うどんの生産量は全国第2位。ちなみに第1位は、讃岐うどんで有名な香川。広報用キャッチフレーズを「うどん県と改名します」とするほど、自他ともに認めるうどん県の香川に次ぐ座ですから、これは誇ってもいいでしょう。それも、「うどんの発祥地」京都や「日本3大うどん（うち1つは讃岐）」とされる稲庭（秋田）、水沢（群馬）、それに追随する五島（長崎）、伊勢（三重）などのうどん戦線をかいくぐっての2位は快挙に値します。ちなみに原材料となる小麦の生産量は、県内では熊谷がトップ。暑い中ごくろうさまです。

▼武蔵野うどん

本州随一の「うどんの国埼玉」。そう言明しても憚られないほど、埼玉とうどんはじつは切っても切り離せない関係にあるのです。それは海なし県であることに誘因します。

海産物が穫れない埼玉の食事情はわずかに河川で穫れるコイやフナ、ドジョウなどの淡水魚と野菜、穀類、特に麦を中心に営まれてきました。かつての埼玉の日常食は押し麦に白米を混ぜた麦ごはんが一般的でした。このような麦食のなかでは、当然小麦粉利用によるうどんもつくられます。しかし、うどんやつめっこ（すいとんのようなもの）、まんじゅうなどはハレの日に供されることが多く、特に夏のハレ食は「朝まんじゅう、昼うどん」という言葉があるほど典型的なものでした。

埼玉は麦栽培に恵まれた気候と立地から、収量、品質ともに昔から全国の上位にあり、その高い生産力が麦中心の埼玉の食を支える大きな力となっているのです。むろん、お隣の海なし県、群馬や山梨のうどんも有名ですが、それはあくまで消費地として。栽培にも向くのは格段に埼玉なのです。県南西部では7～8割が大麦、県東部では水田裏作が中心で、ほとんど小麦がつくられています。この県東部は、利根川などで氾濫が幾度も起こりましたが、それにより肥沃な土が運ばれ、小麦の栽培に適す地になったとされています。なにが転じるかわからないものですね。うどんづくりが盛んになると、利根川を往来する人や日光街道・中山道を通る人をうどんでもてなしたそう。この県東部で有名なうどんが、加須の「手打ちうどん」。手捏ね・足踏みと「寝かせ」を通常の倍近く行ない、切った後にごく短い時間棒に掛けて干します。コシが強く、また加水率が高いと賞せられるようになります。ちなみに、加須市内には40店以上ものうどん店がひしめいています。

この加須のうどんのように、埼玉のうどんの多くは手打ちで、食感は力強く、また、一般的なうどんよりも太く、色はやや茶色がかり、麺はゴツゴツしていることも特徴です。この種の手打ちうどんは、やがて商業的に「武蔵野うどん」と総称されるようになりますが、あくまでうどんは埼玉の郷土食であり、商業目的で発祥したものではありません。

▼秩父のおっきりこみ

むろん埼玉のうどんは加須のようなものだけでなく、地域によってさまざまです。特に地域色の強いものとしては、秩父地方の「おっきりこみ」が挙げられます。群馬にも「おっきりこみ」はありますが、「煮ぼうとう」という別称もある通り、山梨のほうとうに類似しています。

秩父地方のなかでも、集落によって多少の差はありますが、主には、麺は小麦粉でつくった幅広のものを用い、生麺のまま野菜を中心とした具とともに煮込みます。つゆは味噌ベースのものと醤油ベースのものがあり、具には根菜類がよく使われます。うどんとの違いは、麺に塩を加えないこと、麺をつゆに入れる前にゆでないこと。そしてなにより、うどんはハレ食に供されることが多いですが、このおっきりこみは、野良仕事の合間に食べる「小昼飯《こじゅうはん》」など日常的に食べられる家庭料理として位置づけられてきました。

▼うどんで町おこしを!

このように、埼玉とうどんの相関関係は歴史が長く、比べようもなく密接なものです。埼玉の地形や気候、自然が育んだ、埼玉ならではの食文化なのです。

昨今埼玉に見られる食文化は極めて無個性だと感じます。同じファミレス、同じ牛丼屋、同じラーメン屋……。大型チェーン店に侵食されています。大きい幹線道路が多いからという理由はありましょうが、最近では「ダサイたま」や「なんにもないよね」ではなく、「どこを走ってても同じ風景」と揶揄されることのほうが多いように感じます。

香川のうどんや宇都宮の餃子のような町おこしを！　とまでは言いません。ただ、せっかく歴史ある麦食文化があるのですから、県外だけではなく県内の人にも知ってほしいのです。特に若い埼玉県人は、埼玉とうどんの結びつきを知らない人がいるのではないでしょうか。なので個人的にはどちらかというと県外より先に県内への意識づけを促進させてほしいですね。

せめて17号線のファミレスと回転寿司の間でもいいですからうどん屋を1店。せめて大宮や浦和、所沢、川越、熊谷、川口の駅前に県営のうどん屋でも1店。つくってみませんか？　県庁さん。

モノによってはまったく人気《ひとけ》のないハコモノ。瞬間的にしか人が集まらないハコモノ。余剰予算でつくっただけでは？　と邪推したくなるハコモノばかり乱立させるより、よほど効果的な観光資源になるかと思いますがどうでしょう。

5 「埼玉名物」？「銘菓」？ あるんです！

たとえばこんな埼玉話があります。

「埼玉がなんにもないことすら知らない人がいるんです。私は北海道の大学に通っていたのですが、盆や正月は当然帰省するわけです。埼玉に。すると友達だったり、彼女だったりが、何の悪気もなしに『地元のお土産よろしくね。埼玉？　だっけ？』とおねだりするんです。そんなときが一番困るんです」

▼名物四天王

これまで「なんにもないなんにもない」言っておきながら、日本一な事柄も名だたる企業の本社があることも証言してきました。だから、名物なんてたやすいものです。たぶん。

まず、これまでも何度か登場していますので詳細は割愛しますが、このあたりが埼玉名物四天王ではないでしょうか。

①茶屋のおせんばあちゃんが試しにつくったら大ヒット！「草加せんべい」

②あまたの人物が唸り、「色は静岡、香りは宇治よ、味は狭山にとどめさす」と謡われた「狭山茶」。

③「栗よりうまいサツマイモ」と江戸で絶大な称賛を得たサツマイモ「川越イモ」。

④「全国ねぎサミット」の開催地・深谷の「深谷ねぎ」。

というところでしょうか。

次点では、埼玉ならではの手打ちうどん「加須うどん」。吉永小百合主演『キューポラのある街』川口の鋳物。生産量日本一！　岩槻の「日本人形」。加須・羽生の「鯉のぼり」。最高級材木「西川材」。

しかし、あれですね。お土産として持ち帰れないものも多いですね。

▼川魚ならまかせろ

ほかにも、まだここまで紹介していない名物があります。

川越や浦和では、うなぎの名店が点在します。これは、県内に沼地や窪地、川や田に引く用水路が多かったことや、宿場町であったことの名残でしょう。やはり大きな宿場町には江戸などからあまたの要人が訪れますから、〝接待〟などにうなぎ店を使うわけです。ましてや川越は主藩でしたから。いまも中山道沿いなどに老舗のうなぎ店が残り、往時を偲ばせます。

さらにローカルな名物では、「ナマズ料理」。ナマズ食の歴史自体は古いものの、現代の日本では必ずしも一般的な食材とは言えません。「川の国」埼玉ならではの食文化といえるでしょう。全国でも埼玉南東部がナマズを漁獲する「特定の地域」として紹介されることがしばしばあります。その埼玉南東部でも特に吉川が「吉川名物」として推しています。吉川駅前にある巨大な黄金のナマズのモニュメントを見れば、その「猛プッシュ感」を体感していただけるでしょう。モニュメントだけでも見る価値あるかもしれません。

吉川のナマズの薄造り。肉厚でほどよいコクがありながらも生臭さはなく、さっぱりと食せる。「フグより旨い」と言う人もいるほど

▼小川の和紙

「小川の和紙」も有名です。江戸から川越を抜けて秩父に向かう道路が小川の町を東西に抜けており、古くはその地理的な優位性から「六斎市」が立つなど埼玉中部の商業中心地でした。外秩父の山に囲まれた盆地に市街地があり、その地勢から「武蔵の小京都」の異名を持ち、独特の情緒が薫っています。そんな町の伝統工芸が和紙。その歴史は古く、一説には約１３００年前、当時の武蔵国に渡来

した高句麗人により伝えられたのが始まりとされています。小川和紙を代表する手漉きの「細川紙」は、２０１４年、ユネスコ無形文化遺産に登録されました。手軽なアイテムで折り紙やうちわ、一筆箋などがあります。これはお土産にも好適ですね。

▼「盆栽村」

「行田の地下足袋」。現在、日本で生産されている足袋の約80%が行田で製造されており、もちろん日本一の生産量です。起源は江戸時代、地元藩の財政を助けるための産業として足袋の生産が奨励されたことにあります。行田地方に住む下級武士の家族の内職となっていました。と、この解説をしたとたん話が湿っぽくなっちゃうかもしれないので、お土産としては、どうでしょうね……。

県の南部では花や木の栽培がさかんで、特に「盆栽村」を形成する盆栽町（実名！）や川口の安《あん》行《ぎょう》は、植木や苗木の名産地として全国的に知られており、他県や海外からも多くの盆栽愛好者が訪れます。ジャポニスムが高じて「跡継ぎ」を目指す外国人もいるほどです。南部だけでなく、埼玉は全域で盆栽に注力しており、ヨーロッパなど海外へも輸出されています。外国人の方へのお土産ならなお喜ばれるのではないでしょうか。

▼五家宝バトル

「埼玉三大銘菓」のひとつ「五家宝《ごかぼう》」。ちなみに、あと2つは、「草加せんべい」と「川越の芋煎餅」。

いずれも先の四天王の中に入っているので、筆者の見解もあながち間違いではないということでしょう。

五家宝とは、おこし種を水飴などで固め棒状にした芯をきな粉に水飴などを混ぜた皮で巻き付け、さらにきな粉を表面にまぶしたもの。この和菓子、加須にある武蔵国不動岡が発祥地ということで、当然「加須銘菓」かと思いきや、熊谷でも「熊谷銘菓」として市内各地に取り扱い店舗があります。さらには、市内の公立小中学校の学校給食にまで供されることがあるのです。「これが我が町の名物だよ」という教育の一環なのでしょう。これには「熊谷では文政年間（約180年前）から当初『五嘉棒』の名で販売していた」という論が。これに異議を唱えるのはむろん加須。「いやいや、うちだって約130年前から総願寺（不動岡のこと）の門前で売ってますよ」とのこと。この五家宝バトルはいまだに決着が着いていないようですが、埼玉三大銘菓であるため、加須、熊谷以外の市町村でも当然販売しています。

しかし、これまで紹介してきて、意外にその名を目にする地が、加須。うどんに鯉のぼりに、五家宝。「いがまんじゅう」という和菓子もこのあと別に紹介しようと思っていたのですが、これも加須銘菓（および鴻巣や羽生など）なので、この加須のくだりで簡単に紹介しますね。いがまんじゅうとは、こしあんのまんじゅうの周りに赤飯がまぶしてある和菓子で、農林水産省認定の「郷土料理百選」にも選ばれています。やりますね、加須。さらには、米の生産・作付面積も県内1位なのです。県外ではまだ知名度が低めな加須ですが、あなどれません、加須。

ここでは紹介しきれませんが、ほかにも、浦和の和菓子「白露宝」、深谷の和菓子「翁最中」、越生の「一里飴」、深谷の「隠れ河原のかりんとう」なども全国区ではないものの、どれも地元の人がオススメする銘菓として人気が高いのです。

▼宝石のようなゼリー「彩果の宝石」

歴史ある名物や老舗の銘菓を紹介してきましたが、最後に、わりあい「新進」かつ話題の名物を紹介するとすれば、まず、フルーツゼリー「彩果の宝石」。イチゴやブドウなどの果物をかたどった「宝石のようなゼリー」で全29種類。日本を含む世界各国原産、現地の気候で美味しく育った果物を取り寄せて使用。旨味が豊富な果汁とジューシーな果肉を厳選しているため、ゼリーになってもフルーツ本来の風味が失われることがない（一部ホームページより抜粋）。

ということなのですが、読んでいただいたとおり、埼玉の「さ」の字もないのです。販売開始は1993（平成5）年と埼玉銘菓のなかでも新鋭の部類。しかし、この彩果の宝石が全国で売れているのです。県内はもちろん全国の三越を中心に、百貨店に出店し、銀座や恵比寿のセレブたちのご進物としても愛用されています。埼玉要素のないお菓子を埼玉銘菓としてここで紹介するのは、いささか悩ましいのですが、東京の富裕層が埼玉発のお菓子を口にしていると思うと、「よお、彩果の宝石とやら、まだ若いのにやるじゃねえか！」となんとも痛快な思いがするのです。でも、もしかしたら、埼玉感を全面に出さなかったことが奏功したのかどうかは、ここではみなまで言いません。ただ唯一、名称に「彩」の字を冠しているあたりに、メーカーの埼玉愛をわずかながら感じます。また、2005（平成17）年には「さいたま推奨土産品金賞」を受賞、翌年には「埼玉県彩の国優良ブランド品」に認定されています。

▼世界クラスの快挙〝最優秀ゴールド賞〟「サイボクハム」

もう1つは、日高の食品加工メーカー「埼玉種畜《しゅちく》牧場　サイボクハム」。

サイボクハムは1946（昭和21）年に創業し、種豚の育種改良を中心におく牧場としてスタートしました。現在では、種豚と肉豚の生産を行なう牧場、自社牧場産の原料を使ったハム・ソーセージの加工、販売を主な事業としています。同社のハムやソーセージがとにかく県内で評価が高いのです。

この項についても筆者は埼玉に所縁のある方がたからたくさんの聴取をしたのですが、「新時代の埼玉名物は？」の問いに、ほとんどの人が「サイボクハム」を挙げていました。新しめといっても、同社の創業は昭和21年ですが。ただ、サイボクハムが全国に世界に名を馳せるのは1997（平成9）年、「国際食肉プロフェショナル競技会」に初参加にして金メダルを受賞することに始まります。

評判が評判を呼ぶにつれ、店舗展開も拡充していきます。埼玉はもちろん東京では白金高輪や目黒、自由が丘など高感度な町にも出店し、ハイソな層の舌をも唸らせてきました。「国際食肉プロフェショナル競技会」だけでなく、世界最大・最古の食品コンテストとして知られるＤＬＧ主催の「国際食品品質競技会」には、１９９９（平成11）年から毎年参加。サイボクハムは13年連続で７００個以上の金メダルを獲得しました。そのあくなき向上心も各方面から支持されている理由なのでしょう。

これは次の項目の写真ですが
行田名物「ゼリーフライ」の看板

6
あのB級グルメが日の目を見る時がキタ！

「名物」といえば、昨今なにかと話題の「B級グルメ」もいまやれっきとした名物になりえるでしょう。飲食店のメニューに加わったり、デパートの催事になったり、お弁当になったり、お菓子になったりと大忙しのB級グルメ。どこか特定の都道府県の文化ではありませんから、例外なく埼玉もこの時流に乗ります。

イベンターもこのブームを逃すまいと、さまざまなB級グルメイベントが各地で開催されていますが、最も栄えある大会はやはり「B―1グランプリ」でしょう。過去グランプリに輝いた、静岡の「富士宮やきそば」や山梨の「甲府鳥もつ煮」の過剰なまでの取り上げられ方や経済効果を見れば、これはもう県の一大政策です。この大会になにを出品するかは、各県相当の協議を重ねるのでしょう。して、埼玉からのエントリーは……「行田のゼリーフライ」！！

▼ゼリーのフライ？

口角泡吹かせて、喧々囂々の議会の末、ゼリーフライに決まったのか、はたまた「ゼリーフライでいいんじゃない？」と観光課の課長のひと言で決まってしまったのかはわかりませんが、たしかにB級という定義には即していると思います、ゼリーフライ。

「行田のソウルフード」とも言われるゼリーフライ。ご存じない方は、すでにそのネーミングで顔をしかめているかもしれませんが、菓子のゼリーをフライにしているわけではありませんので、ご安心を。以下は、実際のB―1グランプリのホームページから拝借したゼリーフライの紹介文です。

「百年近く愛され続けているゼリーフライ。おからと蒸したじゃがいもに人参と玉葱のみじん切りを混ぜてこね合わせ、小判の形にして素揚げします。こんがり狐色に揚がったら、油をきってウスターソースに軽く泳がせれば、ハイ、出来上がり〜。お口の中に、おからとポテトのハーモニーが広がります。どこかで食べた事があるような、初めて食べるような不思議な味ですよ」

とのこと。割と軽いノリですね。しかし、これで全容が伝わったでしょうか？

ようは、パン粉などの衣を使わずに素揚げしたおからコロッケ。発祥は、行田の持田にあった「一福茶屋」（現在は閉店）の主人が、日露戦争で中国に従軍した際、現地で食されていた野菜まんじゅうをベースにアレンジしたものらしく、販売開始の詳細な年代は不明なものの、明治後期には既に確認されているそうです。なので、「百年近く愛され続けている」の文言は正しいと言えるでしょう。

「ゼリー」とは、形状やサイズが小判に近いことから、小判→銭→銭富来（ぜにふらい）と呼ばれていたものが訛り、「ゼリーフライ」に転換したという説が有力です。または、中身の食感がゼリーに似ているため、という説もあります。ご存じない方には、なんだか説明すればするほど「それって、Ｂ級どころかＣ……」と口をつかれてしまいそうなので、このへんで。

フォローするわけではありませんが、平均１００円という価格を考えれば充分おいしいと筆者は思いますよ！　さて！　そのゼリーフライを携え、いざＢ―１グランプリに臨むわけですが、なんと２００６年の第１回大会には埼玉はエントリーすらしていません。初出場は第２回大会からでした。このあたりにも、考えたあげくのゼリーフライ、という思慮がうかがえます。

この初出場、第２回富士宮大会でゼリーフライはエントリー21品中12位という成績を挙げます。大健闘ではないでしょうか。続く第３回久留米大会ではなんと10位にランクアップします。すごいぞ！　ゼリーフライ。その後、直近の６回大会まで再びベスト10にランクインすることはありませんでしたが、地元では少なからずも利用客が増えているとのこと。行田市内各所、「埼玉《さきたま》古墳群」近くでも販売しているので、古墳めぐりのお供にどうぞ。ゼリーフライ取り扱い店の多くが、スタンドやカウンター形式で販売しているうえ、「ゼリーフライあります」の張り紙は手書きが多いので、クルマでは見落としがちになります。安全な運転とおいしいゼリーフライを！

それにしても、である。過去5回出場のすべてがゼリーフライというのも、ある意味〝推し〟が明確でそれはそれで戦略の1つかもしれませんが、ただでさえモロいゼリーフライの両肩にのしかかる重圧は相当なものでしょう。たとえば、ほかの、「いがまんじゅう」や「冷汁うどん」なども郷土食とはいえ、B級感も持ち合わせているのではないでしょうか。深谷の「ねぎぬた」もB級感に富みますが、見た目と手間がシンプルすぎるでしょうか……。川越のイモ料理の類は「川越プライド」が邪魔するかもしれませんね……。赤ちょうちん界の聖地である東松山の「やきとり」、これは妙案かもしれません。

▼揚げないフライ？

ややこしいことに、行田には「行田フライ」なるものもありまして、「あっ、行田フライだって。きっとゼリーフライのことだね。買おう」というのは少し思いとどまってください（その逆もしかり）。行田フライは行田フライでまったく別の食べ物であり、しかも、フライと呼びながらも油で揚げることはなく、鉄板で焼くのが特徴。お好み焼きとクレープの中間の食べ物と形容するとわかりやすいでしょうか。

ゼリーフライがゼリーでなければ、行田フライもフライにあらず。行田フライがゼリーフライでなければ、ゼリーフライも——。ああ、ややこしや。でも、この行田フライ、紛れもなくB級グルメですね。

▼豚のやきトリ？

午後も4時を過ぎれば、夕もはよから市内のあちらこちらで「やきとり」の赤ちょうちんが灯り始めます。一般的に「やきとり」と聞けば、鶏肉を焼いたものを思い浮かべます。しかし、東松山のやきとりは、豚のカシラ肉を炭火でじっくり焼いたものを指します。そして、辛味の効いた「みそだれ」をつけて食べる、これが東松山流「やきとり」なのです。まぎらわしい！「やきとん」とも一緒にされたくないそうです。

昭和30年代に誕生したこの味は地元民に親しまれ、半世紀以上にわたり、愛され続けてきました。そして今では、東武東上線東松山駅を中心に、約１００軒ものやきとり屋が点在するほどに。この「やきとり街」の様相や「豚肉のやきとり」、そしてなにより確かなおいしさが県外でもしだいに話題となり、東松山も本腰を入れて観光資源にしようという姿勢です。

どうです？　このちょっと変化球なところもB級グルメにふさわしいじゃないですか。県ぐるみで埼玉のB級グルメを盛り上げていきましょう。県全土でB級グルメに名乗りを挙げましょう。そもそも……、埼玉はB級グルメの宝庫のような気が……。

7 「名所」だってあります！ 意外に豊富な観光資源

たとえばこんな埼玉話があります。

「海外に長期滞在していたときにお世話になった家族がいるんです。今度、彼らが日本に来るらしくて、何の悪気もなしに『お前が生まれ育ったカントリー（地元）を知りたい。サイタマ？ だっけ？ 案内してくれよな！』と言っているんです。これはたまに、国内の遠方を旅行したときにもあるのですが、この話題になったときが一番困るんです。本当にどんだけ頭をひねっても全部日帰り程度のスポットしかないことに改めて気づかされるんです」

▼名所四天王

これまで「なんにもないなんにもない」と言っておきながら、日本一も名物もあることを証言してきました。だから、名所なんてたやすいものです。たぶん。

まず、これまでも何度か登場していますので詳細は割愛しますが、このあたりが埼玉の名所四天王ではないでしょうか。

①奥ゆかしい江戸文化薫る城下町「小江戸」川越
②独自の武州文化が息づく、夜祭が盛大な秩父
③日本一の岩畳、ライン下りの長瀞
④目指せ世界遺産！　埼玉のルーツ「埼玉《さきたま》古墳群」

次点では、武蔵野の面影を残す雑木林が広がる「平林寺」（新座）。川口の鋳物工場。伝統工芸が息づく人形づくりの岩槻・鴻巣。「武州の小京都」和紙の小川。「関東三大梅林」の越生の梅林。といったところでしょうか。

〝工場・ものづくり系〟も「埼玉名所ツアー」に組み込むことが現実的です。製造品出荷額で全国5位を誇る「工業県」埼玉では、さまざまな「ものづくり」の現場を見学したり体験したりできるプログラムが県内の工場や施設などで用意されています。

地域や景勝地にかぎらなければ、「埼玉スタジアム」でレッズサポーターの熱狂度を体感してもらうのもいいかもしれません。同じくさいたま市で「鉄道博物館」を抱き合わせてもいいでしょう。2007年にリニューアルオープンした鉄道博物館は、広大な敷地のなかに実物展示車両36両、H

（上）秩父の羊山公園の芝桜。後方は武甲山
（左）長瀞、秋のライン下り
（写真：ともに埼玉県観光課）

Oゲージで日本最大の模型鉄道ジオラマ、5種の運転シミュレーターなど、その総収蔵品は58万点を数えます。鉄道ファンのみならずとも、老若男女鉄道の世界を存分に堪能できます。開館以来入場者数は毎年約100万人を誇り、いまや埼玉名所の筆頭格です。

〝施設系〟で残念だったのは、スカイツリーを誘致できなかったことでしょう。2003(平成15)年に新タワーの計画が明らかになるや、東京の豊島区や台東区、墨田区、多摩、そしてさいたま市の新都心などによる誘致合戦が繰り広げられました。このなかで、さいたま市はじつは第二候補に着けていました。しかも議論のなかでは、さいたま新都心(さいたまタワー)は東京の震災時のバックアップ機能が優れているという面で評価が高かったそう。しかし、電波の混信世帯が墨田・台東エリアの7倍ほどにもなることが判明し、この対策費用が巨額になるのがネックと判断され、落選してしまったそうです。前項で、「あの新都心の更地に魅力的なナニかを」というような論述をしましたが、それこそがまさにスカイツリー(さいたまタワー)だったのではないでしょうか。そう思うと、悔やんでも悔やみきれません。

▼草花に活路を見出す

話を戻して、現有戦力で埼玉名所ツアー提案の続きです。

少し趣向を変えて、夏なら、日本一の暑さを誇る熊谷に連れて行き、その灼熱っぷりを体験してもらうのも一手。外国人の方を案内するならば、川口の安行やさいたま市で盛んな盆栽や植え木を鑑賞するのもオツかもしれません。ちなみに、さいたま市北区には「盆栽町」という地名まであり、たくさんの盆栽業者が集まっています。「大宮盆栽美術館」もあります。

草花つながりではありませんが、秩父・武甲山の麓、羊山《ひつじやま》丘陵の斜面に、さまざまな色の芝桜《しばざくら》を植栽して約1万7600平方メートルもの敷地を一面芝桜にした「芝桜の丘」の手法は見事。9種約40万株の芝桜が、なだらかな丘を覆い尽くす様は圧巻。年々、観客動員を伸ばし、いまでは100万人前後がシーズンの4月中旬～5月上旬に訪れるようになりました。

最近の日本人のお出かけ食指は、極端なものに動く傾向があります。極端にでかいもの、小さいもの。極端に集まっているもの、ところ。極端に古いもの、新しいもの。この芝桜の丘はそのあたりの時流を捉えていると思います。また、これも全国的に有名となった日高の「巾着田《きんちゃくだ》の100万本の曼珠沙華《まんじゅしゃげ》」も同様。曼珠沙華が咲く場所は全国的にも多数存在しておりますが、雑木林の中に咲く大規模な曼珠沙華群生地は珍しいと思います。清流・高麗川のせせらぎに抱かれて、雑木林の中に咲き乱れる深紅の曼珠沙華は、一種独特な空間を創り出します。

曼珠沙華1本1本は、もともと儚げな花です。しかし100万本ともなると話は別。しかも植栽ではなく天然ときていますから、これは人が集まって当然です。シーズンは9月中旬～10月上旬。ちなみに巾着田は、春は菜の花をいっせいに咲かせ、こちらも壮観です。

安・近・短レジャーの時代性も手伝い、この手の催しは基本的に交通費がかかるだけなので、観光客も気が楽。しかも近くの埼玉という立地がポイントになっています。「日帰り程度のスポット」

は、じつはいまの時流にマッチングしているのです。

▼城下町・川越

本題（?）の、埼玉名所四天王の補足を少ししておきましょう。

①の川越は、これまでも幾度もふれたように、古い町並みを残す城下町。火災に強い建物として江戸で発達した土蔵づくりの商家が市の中心街に建ち並んでいます。ちなみに江戸城周辺の城下町は川越の町並みをモデルにしてできあがった町なのです（江戸城築城主・太田道灌曰く）。10月にはこの町並みを華麗な山車《だし》が盛大な祭囃子にのせて曳き回される「川越祭り」が行なわれます。「喜多院」も見所が多く、「徳川家光誕生の間」や家光の乳母・春日局《かすがのつぼね》の「化粧の間」、530体以上の石像「五百羅漢」などがあります。うなぎやサツマイモ料理など食も楽しめます。

▼自然と文化の秩父

②の秩父の観光目的としては、やはりまず自然美でしょう。「海なし県」どころか「山なし県」とまで言われる埼玉において、貴重な山間部。景勝地としては、秩父の西部を流れる中津川が形成する深い渓谷「中津峡《なかつきょう》」。約10㎞にわたって険しく切り立った岩の壁が連なり、谷を覆う木々の新緑や紅葉の美しさで知られます。

歴史にふれるならば、秩父地方に点在する、観世音菩薩をまつった34カ所の寺「秩父札所」。ただし、すべて巡回するのに100km超の行程があります。

文化を体感するなら、12月に行なわれる秩父神社の「秩父夜祭」。勇壮な屋台囃子を打ち鳴らし、10トンを超える屋台や笠鉾の山車が市内を練り歩きます。屋台で演じられるこの地域独自の歌舞伎芝居も必見。秩父神社に伝わる神楽と合わせ「秩父祭の屋台行事と神楽」として、国の重要無形民俗文化財に指定されています。秩父地方には神社仏閣が多く、祭礼の回数も多い。年間400以上もあると言われています。

東京を至近にしながら深山が残ることから「秩父リゾート都市圏」と呼ばれ、観光客で賑わう秩父。しかし一方で、かつて「知知夫国《ちちぶのくに》」として独立した国であったことや埼玉随一の山間部であること、盆地であること、独自の食文化や産業、方言や風習などがあることから、秩父はほかの市町村に比べ、異彩を放っています。

さらに時代を遡ると、約3億年前、埼玉県はもちろん日本列島は、すべて海の底の時代でした。セメントの原料になる石灰岩の採掘で有名な秩父の武甲山は、このころの生物「イガイ（20センチ前後の黒く細長い貝。食用可）」が海底で積もってできたものだそう。その後、埼玉県域は一度陸地になりますが、また海没します。そして約100万年前、現在の秩父多摩国立公園を中心にした地域だけが島になって海面に姿を現し「秩父島」となりました。今の秩父盆地は、秩父島の入り江であり、クジラやサメなどが泳いでいました。やがて地勢全体が高くなり、今まで海底であった秩父島の東側の海岸地帯が陸地に。つまり太古の昔、埼玉における陸地は秩父しかなく、秩父こそが埼玉の原始だったのです。

このような歴史や、のちに「知々夫国」を形成した経緯などを介すと、なぜ秩父が埼玉において独立独歩な地域であるか、ということが理解できてきます。そのため、埼玉を語るうえで、秩父だけはいっしょくたにすることが難しいのです。

▼長瀞の川下り

③埼玉県北西部を流れる荒川には、長瀞と呼称される美しい渓谷があります。国の特別天然記念物に指定されている岩畳とよばれる岩の畳を敷き詰めたように広がる日本最大の一枚岩があり、その上を荒川が流れています。長瀞には、岩畳のほかにもさまざまな地形が見られ、地質学上でも貴重な地域とされています。川岸に高い壁のようにそそり立つ岸壁の様相はスケールが大きい。これは1億年以上も前の造岩活動によって、大きな圧力と熱を受けてつくられました。
また、サクラや紅葉の名所でも知られ、舟下りも行なわれており、県内有数の観光地として通年活況を呈しています。

この長瀞も秩父地方にあたります。芝桜の羊山も、埼玉一の大きな祭りも秩父地方。「秩父リゾート都市圏」と呼称される所以が垣間見えます。

8　世界遺産登録で大逆襲なるか?!　行田の古墳群

④についてはあえて大見出しを設けました。

3世紀の後半から7世紀にかけて、奈良地方を中心に、大きな墓が相次いで築かれました。この時代を古墳時代と言いますが、埼玉でも多くの古墳が県内広域に見られます。

なかでも有名なのが、行田の埼玉《さきたま》にある「埼玉《さきたま》古墳群」です。これは、高さ16m、直径100mにもおよぶ9基の大型古墳からなる古墳群で、6世紀ごろにこのあたり一帯を支配していた笠原《かさはら》直使主《あたいおみ》の一族の墓ではないかと伝えられています。

ちなみにこの地の埼玉《さきたま》という地名が、県名の由来になったという説もあります。

また、1590年の豊臣秀吉と小田原北条氏の戦い（小田原の役）で忍城を水攻めにした石田三成が、水攻めの進行具合を確認するために「丸墓山古墳」の頂上に本陣を築いたという逸話もあります。

昭和初年に「さきたま風土記の丘」として整備され、その後、県営の「さきたま古墳公園」として一般開放されるようになりました。総面積は26・5ha。さきたま古墳公園内にはこの大古墳のほかに、「はにわの館」があり、実際に埴輪づくりを体験することができます。これはたとえ地域に興味がなくとも楽しめます。

▼埼玉に世界遺産を!

ここで特筆したいことは、この、古墳群を世界文化遺産へ登録しようという運動を官民一体で推し進めていることです。

事の発端は2004(平成16)年、埼玉県議会で上田清司知事が「埼玉古墳群は世界遺産に登録される価値がある」と答弁したことがきっかけ。以来、地元では登録運動が盛り上がり、勉強会やシンポジウムが開かれ、行田商工会議所は市民らで運動を支える「世界遺産サポーターの会」を結成。

そして、2007(平成19)年9月、県と行田市は世界遺産登録の国内候補を決める暫定リスト入りを文化庁に申請しました。しかし結果は、落選。

この結果を受けて、上田知事は「島根の石見銀山は、50年も前から地元で地道に保全活動していたそうです。我々は運動をはじめてまだ3年とちょっと。まだ、あきらめるところまで来ていません」とコメントしました。「活動3年ごときで登録してすみません」なのか「50年もかかっているところがあるなら、ぜんぜん落ち込むことないじゃん」なのかはわかりませんが、大阪・堺の仁徳天皇陵ですら世界遺産登録に審議が出ているなか、あまり悠長にはしていられないでしょう。

ちなみに国内候補は現在十数件あり、文化庁は新たな募集は当面行なわないとしています。これにより古墳群の世界遺産登録の旗はいったん下ろされるのかと思いきや、落選の翌年、行政は「ニニギン」と「コノハちゃん」の着ぐるみを製作。「ニニギン」と「コノハちゃん」とは登録運動が動き出した年に同商工会議所がつくったキャラクター。約80万円を投じて製作した、ゆるキャラの着ぐるみには「まだあきらめない」という知事の気概を感じずにいられません。

とはいえ、文化庁が登録の受け付けを行なっていない今、モチベーションはどこにあるかというと、「国の史跡」から「特別史跡」に格上げしよう！ という運動にシフトしているそうです。

本書を書き進めるにあたって、筆者は以前より増してこの古墳群について知識を得たつもりですが、たしかに落選理由の「日本の古墳群の代表例・典型例として顕著な普遍的価値を持つ証明が不十分」はうなずける部分もあります。しかし、古代において、中央政権ではない地方の文化がこんなにも充実していた、ということを世界に発信していく価値もあると思うのです。こと日本では「地方の時代」と何年か前から叫ばれていますからね。そのことを明示する意味でも。

なにより、観光不毛の県と言われて久しい埼玉の身にもなれば、観光資源発掘に躍起になることは間違っていませんし、応援したい。県内ですら冷笑する人がいるようですが、県内で世界遺産にふさわしい場所を論議したとき、筆者にもこの古墳群か秩父しか見当たりません。秩父は数多の要素を総合したうえではじめて魅力が姿を現わすので、世界遺産という記号としては、やや印象不足と判定されるかもしれません。

冷笑する人は冷笑する前に、県が県ぐるみで観光に目を向けていることや、県内を見渡したところ古墳群が適当であるという判断にいたった経緯をふまえてから冷笑してほしいものです。

とはいえ、筆者も一言あります。それは、この古墳群が〝公園然〟としすぎていること。たしかにこの敷地は「さきたま古墳公園」内と知ったうえで足を踏み入れてはいますが、我々のような好事家には優しすぎるというか、ホスピタリティが高すぎるというか、こんなに状態のいい巨大古墳群がこんなに至近で見られる場所を筆者は知りません。しかも、いくつかの古墳には手すり付きの上り階段や見晴台までもが整備されており、こんなに古墳に触れ合えるの？　と喜ばしい反面、この下に祀られている者々や物々を足げにしていることに複雑な気持ちを覚えます。

これでは、歴史的な価値をもった遺産ではなく、そのへんにある緑地公園となんら変わりません。もっと野趣あふれる〝手つかず感〟がほしいのです。たとえ世界遺産になったからといって、大挙する観光客を牽制するほどの凄味がないといけないと思うのです。あくまで個人的な好みであって登録の査定とは関係ないかもしれませんが……。

しかし、もし世界遺産になったら、それはもうこれまで述べてきたどんな事柄よりもインパクトのある「逆襲」になることでしょう。すべてが吹き飛びます。本書の必要性もなくなってしまいます。

「埼玉」の発祥地および中心地は行田である！　を確固たるものにすべく、世界遺産登録を冷笑していた人を見返すべく、千葉ないしは神奈川をも逆転すべく！　古墳群の世界遺産登録にはひきこもごもの想いが詰まっております。「世界遺産サポーターの会」のみなさん、ゼリーフライ食べてがんばって！

▼いろいろ深い？　吉見百穴

古墳といえば、埼玉にはもう1つ変わりダネの古墳があります。

吉見の「吉見百穴《ひゃくあな》」。ここはじつは筆者が「埼玉名所」として最も推したい場所でもあります。

埼玉古墳群建造後、古墳時代の後期になると、巨大な古墳に代わって、1カ所に多数の小さな墓をつくった群集墳が各地で見られるようになります。荒川と市野川に挟まれた吉見丘陵にある吉見百穴は、日本でも代表的な群集墳の1つです。これは、吉見丘陵の斜面に多数の横穴を開けてつくったものです。有力者ではなく庶民の墓だとされ、現在は、219の横穴が残っています。現代風に言えば「共同墓地」といったところでしょうか。

横穴式の群集墳は当時最先端の方式で、これも渡来人による伝来という説があります。これまでの竪穴式構造の古墳とは異なり、石室と呼ばれる死者が安置されるところに出入りがしやすくなったのです。

世界遺産をめざしている埼玉古墳群

コロボックルの棲み家だった（？）吉見百穴

深さ約2mの219の横穴は、発掘当初237ありました。これは、第二次世界大戦中、吉見丘陵に軍事用の地下工場がつくられたため、削減されました。しかし、建設中に終戦したため、軍事工場として本格的に操業することはありませんでした。いまでも、建設途中のままのただただ空洞の広い穴が残っています。戦争のために自分の墓を削除された死者の意を思うといたたまれません。ましてや有効に転用されることもなく……。

なお、吉見百穴は史跡であるとともに、天然記念物に指定されている「ヒカリゴケ」が生えていることでも知られています。ヒカリゴケは、文字通り、レンズのような細胞をもって光を反射させ、自らを発光することができるコケの一種です。大気汚染や乾燥などの環境の変化に弱く、環境省によって「準絶滅危惧種」に指定されています。

いろいろな名所要素が入り混じる吉見百穴ですが、極めつけが「コロボックルの居住説」。

コロボックルとは、北海道アイヌの伝説に登場する小人のことで、「フキの下にいる人」という意味。フキの葉で雨風がしのげるほど体が小さいことに由来しています。コロボックルは北海道の原住民で、竪穴住居に住み、狩猟生活を送っていました。アイヌと仲が良く、頻繁に物を与えてくれたのですが、姿を見せてはくれません。ある日、アイヌがその姿を見ようとしたところ、コロボックルは怒って、以後、アイヌの前から消えてしまった、というのが紀伝でよく聞くお話。そのコロボックルの移住先としてこの吉見百穴が使われていたのではないか、という伝説があるのです。

それはこの吉見百穴を最初に発掘した人類学者・坪井正五郎が「これはコロボックルの居住跡

だ！」と発表してしまったことに端を発します。調査を重ねた末、結局は横穴墓群という現在に残る説に落ち着いてしまったのですが、坪井正五郎による「コロボックル居住説」の真意を確かめるべく、大森貝塚を発見したモースやシーボルトの次男ヘンリー・フォン・シーボルトなどの名だたる研究者がこの吉見百穴に足を運んでいるのです（坪井正五郎も東大構内で弥生式土器を発見し、「弥生時代」という言葉をつくった人類学の権威なんですよ）。

いまでは「坪井正五郎のロマンある話」で収束している観がありますが、吉見百穴でコロボックルが書いたとされる古代文字（神代文字）が発見されるなど、一部ではまだ論争が繰り返されているようです。

ちなみに、吉見百穴の近くにある「岩窟《がんくつ》ホテル」もオススメなので、ぜひ抱き合わせで訪れてみてください。簡単に説明しますと、この地の高橋峯吉なる農民が、明治〜大正の21年間、独力でくりぬいた宮殿風の洞窟です。宮殿風な趣や「（高橋さん）岩窟掘ってる」が転じて「岩窟ホテル」と通称されるようになったそうです。どうです？　すごく気になるでしょう？　昔の埼玉には気骨あふれる人物がいたのですねえ。

▼埼玉県人〝共通思い出体験〟「鴻巣」

さて、いろいろと名所を紹介してきましたが、最後に、埼玉県人ならではの名所「鴻巣免許センター」を紹介しましょう。名所というか思い出深い場所ですね。とにかく埼玉には免許センターが鴻巣にしかなく、免許の交付や更新のたびにここへ行かなければいけなかったのです（今では優良運転者は警察署で更新でき、鴻巣に行かなければならないのは、初心者と高齢者と非優良運転者だけ!?）。鴻巣には高崎線しか走っておらず、「とにかくどこから行っても遠い」という不評極まりない立地なのです。県としては「県の中央に配置した」という言い分もあるようですが、その理屈であれば、東松山やそれこそ吉見百穴のあたりが正しくなります。もしくはもう少し南下して便のよい川越でよかったのではないでしょうか。しかも、川越より明らかに土地を余していそうな鴻巣に建てたところで、決して鴻巣駅前に免許センターがあるわけではなく、わざわざ鴻巣駅まで行ったうえに、延々とバスに乗るのです。これではブーイングが起きて当然といえましょう。

いまでこそ川越や東松山、加須などからもバスが運行されていますが、かつては所沢くらいでも始発で出なければ間に合わないほどでした。免許センターに行くことは埼玉県人にとって1日がかりの大儀だったのです。運転免許に関する会話や文脈においては「鴻巣」という地名が＝免許センターを指し、「鴻巣へ行ってくる」という言葉が当所へ行くことを意味することがあります。「だってそれしか鴻巣に行く用ないし」ということもその俗語の一理のようです。

ともあれ「鴻巣で免許」は、埼玉県人同士ならではの共通体験として鉄板なのですから、いまとなってはいい思い出でしょう。ちなみに、このネタに匹敵するのが「北辰テスト」です。

9 世界にも知られるアニメの聖地

メディアを介してですが、世界にその名を轟かせる埼玉の名所があります。それは「KASUKABE（春日部）」。

これは、『クレヨンしんちゃん』が世界中で放送され、概ねどの国でも絶大な人気を博しているためです。ご存じ、『クレヨンしんちゃん』は、春日部を舞台に5歳の野原しんのすけ（Shin-Chan）が、お母さんのみさえ（Mitsy）とお父さんのひろし（Harry）をドタバタ騒動に巻き込んでいく国民的アニメ・漫画です。

▼世界のしんちゃん in KASUKABE

『ドラゴンボール』や『ワンピース』などのアクションもののアニメが世界で流行っていることは、周知の通りでしょう。しかし、ファミリーものは、やや苦戦を強いられています。まず、『サザエさん』はどの国にも響かず、『ドラえもん』や『ちびまる子ちゃん』も支持を得ているのはアジアだけ。しかし『クレヨンしんちゃん』は世界中おしなべて人気があります。そしてなぜかラテン系の国で特に人気が高いのは、しんちゃんがプレイボーイだからでしょうか。ドイツでは現在放送されてないようですが、視聴率の問題というより内容の過激さが原因だったようです。

放送されている国を一部列記すると、まず韓国、中国、台湾、フィリピン、ベトナム、マレーシア、インドなどのアジア圏。フランス、イタリア、スペイン、オランダ、ポーランドなどのヨーロッパ圏。そしてアメリカ圏。その数述べ40カ国。オランダでは子ども番組ランキング堂々の1位を獲得。スペインでベストキャラクター・オブ・ザ・イヤーに選ばれ、スパイダーマンを押しのけてペプシのボトルキャップに選ばれました。中国のDVDショップや玩具屋では、しんちゃんはポケモン、ディズニーなどのキャラクターの隣に並べられています。まさに快進撃。

観たことのある方はご存じでしょうが、春日部はただ舞台として設定されているだけではなく、けっこうな頻度で野原家が「春日部」と口にしたり、市内の施設などの固有名詞が出てきます。「春日部」は地名のため外国語に吹き替えされないので、おのずと外国人視聴者は「カスカベ」を覚えます。どういうところかも知らずに……。

しんちゃんの奔放な言動や独特のブラックユーモアは、当初日本でも問題視されました。その壁は各国も同様のようですが、ある国では厳しい検閲を繰り返し、放映されるようです。ただ、「そもそも検閲にかかるような作品はダメ」という風潮ではなく、むしろ「検閲を通してでも観たい」

というニーズがあるようで、そのあたりにも人気の高さがうかがえます。
各国の検閲の度合いを一部だけ紹介すると——

●インド「しんちゃんが裸になる場合は、股間をぼかすか、画面を他所へズームさせたりすることで裸を排除している。猥褻なもの、成人向けなもの、無礼な言葉、女の子をナンパする場面等もカットされている」

●韓国「しんちゃんが裸になる場合は、概ね処理が必要だが、例外は、露出が必然的である場合の数場面で、それもしんちゃんがお尻を出している場面のみ。大人向けのジョークはすべて韓国におけるこの番組の主要視聴者層である子どもに適切な番組を制作する意図で、韓国のG指定ジョークに吹き替えられている」

●中国「ほぼ検閲なし」

●ベトナム「マンガのなかの無作法な数場面、特に性に関係したエピソードが極めて子どもに不適切なものだとして、ベトナム社会から悪評をかってしまう。VTV（ベトナム全土をカバーする放送局の1つ）でさえ、メインのニュース番組でしんちゃんを批判した。ベトナムの子どもがしんちゃんのような悪い振る舞いを覚えてしまうと考えたのである」

●スペイン「2000年の初放映以来ずっと素晴らしい成功を収めている。自主運営局から始まり、スペイン全土へと放映が広がり、スペインの公用語すべてに吹き替えられた。しかし、こうした成功とは裏腹に、番組最大の視聴者である子どもに適切ではないとする親たちの会からの苦情によって、番組を夜へ移動させなければならなかったり、完全に終了させたりせざるをえない局もあった」

●フィリピン「検閲なし」

検閲による処理によって、オリジナルのテンポや機微が損なわれてしまうのでは？　と〝送り出す側〟としては妙な老婆心が発動してしまいますが、どうやらそれをも凌駕する人気ぶりのようです。親が目くじらを立てるということは、親も観ているということですから、2世代の耳に「KASUKABE」が届いていることになります。「災い転じて……」とはいいませんが、ともかく、当の春日部市民は自分たちの暮らしている地名がこれほど世界に名を馳せていることを知っているのでしょうか。

▼『らき☆すた』で町おこし

アニメを介して名所になった事例として、記憶に新しいのは『らき☆すた』による久喜の鷲宮神社でしょう。ただ、『らき☆すた』ばかりが1人歩きし、「らき☆すた神社」と言われることもしばしばですが。

『らき☆すた』は、アニメやゲームが大好きな、小柄でオタクな女子高生・泉こなたを中心として、その周囲の人々も含めたまったりとした普段の生活を描いた内容。いわゆる、しんちゃんのような大衆アニメではなく、いわゆる「萌え系」アニメ（「萌え系でない」という方もいますが、ここでは共通記号として）。いわゆるオタク層に絶大な支持を得ています。アキバでは社会現象的な人気を呈しています。

アニメ版の舞台は春日部（本編では「糟日部」となる）であり、主人公・こなたが通う高校も春日部共栄高等学校がモデルとなっています。そのほかにも、幸手や幸手市内の権現堂堤、大宮ソニックシティなどが描かれており、こなたの父が宮司を務める鷹宮神社なる神社こそが「らき☆すた神社（鷲宮神社）」なのです。

また春日部ですね。これは偶然、春日部共栄が作者の出身校だからだそうで。

して、「らき☆すた神社」現象に至るまでの経緯ですが、ファンが勝手に盛り上がって、聖地巡礼をしたわけではなく（したファンも当然いますが）、じつは町から持ちかけたもの。町おこしイベントとして「萌え系」のアニメを使うのはかなり珍しく、首都圏から相当数のファンが押し寄せました。彼らが絵馬に『らき☆すた』の登場人物の絵を描き残す、記念撮影を行なう、コスプレ姿で参拝するなどの行動がマスメディアを通じて報じられたのを見た記憶がある方も多いでしょう。このイベントが催された２００７（平成19）年が明けると、翌年の初詣の鷲宮神社への参拝客が埼玉県内第3位となる約30万人。さらにその翌年には同第2位となる約42万人に達します。この効果を受け、鷲宮町商工会は、町独自のグッズを製作したり、作者や出演声優の鷲宮神社への公式参拝イベントを開催します。また、毎年9月に行なわれる鷲宮神社の土師祭では、『らき☆すた』神輿が練り歩くようになり、これも報道などで話題となりました。

これに乗じるように、作者の出身地であり、作中ではこなたの住んでいる町とされる幸手の商工会でも、『らき☆すた』をフィーチャーした地域振興策を実施。オリジナルグッズの製作・発売を行なったほか、関連イベントを開催するなど、さまざまな企画を行ないました。作家の実家が転居に伴って空き家となった旧居を無償で商工会が借り受け、泉家を再現したギャラリー兼交流施設を期間限定で開館。その後、泉一家をギャラリーの所在地に住民登録し、特別住民票を交付しました。

メインの舞台となった春日部でも、鷲宮・幸手双方にグッズのための桐細工（春日部の伝統工芸）を提供しているほか、春日部独自のグッズも開発。また、3市町は関係各所で相互連携しており、各商工会の間で版権データの共有や今後のイベント開催・グッズ販売での共同事業の展開などに取り組んでいます。

２００7年12月から半年間の鷲宮町での経済効果は４１７０万円、商工会の２００7年度決算での歳入合計が前年度比36％増の８０００万円になったと発表。幸手も約２５００万円の経済効果があったと発表しています。また、「聖地巡礼」「オタクツーリズム」や漫画・アニメなどを用いた町おこし（別称「萌えおこし」）の成功例として、経済的・学術的観点からも注目されています。

息つぎなしにお送りしましたが、この3市町による『らき☆すた』バブル、伝わったでしょうか？　幸手、春日部の便乗ぶりは電光石火のごとくでしたね。ただ、3市町が権利や企画を争奪することなく仲良く協働したことは明るいニュースですね。しかし、なにが福となすか世の中わからないものですねえ……。

▼「マンガの神様」手塚治虫も……

『クレヨンしんちゃん』と同じく、世界に知られるアニメ『アトム（アストロボーイ）』の作者といえば、手塚治虫。手塚アニメをはじめ、マンガ、小説の版権をアメリカのウォルト・ディズニー社が所有していることは、アメリカで知らない人はいないほどです。

その手塚治虫の「手塚プロダクション」アニメーション制作スタジオが新座の野火止にあります。この「新座スタジオ」は手塚治虫の最晩年の仕事場でもありました。設立当時、飯能か新座で迷っていたそうですが、協議の末、新座になったそうです。飯能には鉄腕アトムの像があります。埼玉西武ライオンズのマスコット「レオ」と「ライナ」も、あの『ジャングル大帝』が元になっています。ライオンズのペットマーク（レオマーク）もむろん手塚治虫によるデザインです。

いまや日本の文化産業ひいては輸出産業の1つとなった漫画・アニメ。その礎を築いた「日本漫画の父」手塚治虫も埼玉に所縁の深い人物だったのです。

10 趣深い武蔵野の自然美が残る

漫画・アニメ界の巨匠といえば、現代では宮崎駿を置いてほかにいないでしょう。そして、手塚アニメと同じく、宮崎アニメも世界中でヒットしております。

『天空の城 ラピュタ』や『もののけ姫』など数あるジブリアニメのなかでも、いわゆる「宮崎駿監督作品」として区別される作品があります。その監督作品のなかでも、特に日本の〝特定のどこか〟を舞台にした作品は、『となりのトトロ』と『崖の上のポニョ』くらいでしょう。このうち『となりのトトロ』の主たる舞台は、埼玉の狭山丘陵とされています。実際、作品の固有名詞には所沢から東京の東村山にかけて広がる狭山丘陵の地名を元にしたものも登場します。主人公である草壁家の引っ越しシーンでは「狭山茶」の張り紙をした箱が登場したり、ねこバスに表示される行き先「牛沼」は所沢の牛沼です。

▼宮崎駿監督が守った「トトロの森」

トトロは奥深き森の妖精。その森に狭山丘陵が選ばれ、監督自身が埼玉に残る武蔵野の風情に魅せられ、現在も狭山丘陵の保全運動をしていることは、全国に世界に埼玉の自然美を知らしめる契機となりました。

狭山丘陵の一部はいま「トトロの森」と呼ばれています。この丘陵には、自然に人間が手入れをすることで生まれた里山と呼ばれる雑木林と農地などが広がっており、市民によってこの森を守る活動が連綿と続けられています。

ちなみに、草壁家が暮らす「松郷」という村の地名。所沢に実在する地名、松郷からきたものとされています。また、「松井川」は柳瀬川とされています。柳瀬川は狭山湖から八国山《はちこくやま》緑地、淵の森緑地のそばを流れ東京へ通じていく川なのですが、この「渕の森」は数年前、開発の手が入ることになり、その清らかなせせらぎが潰えてしまう危難に直面していました。そこで手を差し伸べたのが宮崎駿監督。自らが「淵の森保全協議会」会長となり、3億円を献じて開発を阻止しました。その理由の大きな1つは、監督自身が淵の森付近に在住していることにあります。淵の森を愛すがゆえそこに暮らし、淵の森を愛すがゆえ開発の手から守ったのです。

このことも各方面で大きく取り上げられ、監督の在住地が明るみになってしまうと同時に、『トトロの森』の監督が、実際にトトロの森の麓に暮らしているという事実も周知され、改めて埼玉が擁する自然の価値がクローズアップされました。

狭山丘陵をはじめ、埼玉が残す昔ながらの武蔵野らしい景観は、古くから多くの歌や詩にも詠まれ、小説でもその情趣は多くしたためられてきました。それはたとえ、現在の県都が位置する大宮のあたりであろうと、たとえば森 外が『青年』で、正岡子規が高浜虚子にあてた手紙に、寺田寅彦が写生紀行に、いずれも風光明媚なかつての大宮公園の風情をしたため、しきりに静かで落ち着いた公園の風情をたたえています。

▼国木田独歩『武蔵野』の風景

「景勝地」と呼ばれる場所は、いきおい山間部のほうに集中している観がある埼玉ですが、それはどの地方でも同じこと。〝埼玉らしい〟自然の美といえば、やはり国木田独歩が『武蔵野』で書いたような自然林・雑木林が点在する平野部の風景でしょう。

そのあたりの情景を描写している『武蔵野』の一文を抜粋すると――


昔の武蔵野は萱原《かやはら》のはてなき光景をもって絶類の美を鳴らしていたようにいい伝えてあるが、今の武蔵野は林である。林はじつに今の武蔵野の特色といってもよい。すなわち木はおもに楢の類いで冬はことごとく落葉し、春は滴《したた》るばかりの新緑萌え出ずるその変化が秩父嶺以東十数里の野いっせいに行なわれて、春夏秋冬を通じ霞に雨に月に風に霧に時雨《しぐれ》に雪に、緑蔭に紅葉に、さまざまの光景を呈するその妙はちょっと西国地方また東北の者には解しかねるのである。

とあります。

すなわち、それまでの日本人は松林ばかりを称賛してナラのような落葉樹に宿る自然美に気づいていなかった。それが武蔵野にはある。関西や東北の人には分からないだろうね、と解釈します。

また――

武蔵野に散歩する人は、道に迷うことを苦にしてはならない。どの路でも足の向くほうへゆけばかならずそこに見るべく、聞くべく、感ずべき獲物がある。武蔵野の美はただその縦横に通ずる数千条の路を当《あて》もなく歩くことによって始めて獲《え》られる。春、夏、秋、冬、朝、昼、夕、夜、月にも、雪にも、風にも、霧にも、霜にも、雨にも、時雨にも、ただこの路をぶらぶら歩いて思いつきしだいに右し左すれば随処に吾らを満足さするものがある。これがじつにまた、武蔵野第一の特色だろうと自分はしみじみ感じている。武蔵野を除いて日本にこのような処がどこにあるか。北海道の原野にはむろんのこと、奈須野にもない、そのほかどこにあるか。林と野とがかくもよく入り乱れて、生活と自然とがこのように密接している処がどこにあるか。じつに武蔵野にかかる特殊の路のあるのはこのゆえである。

と、いかに独歩が武蔵野の路の趣深さに魅了されているかがすぐに想起できるほどの描写です。

また、独歩は同作を「武蔵野の俤《おもかげ》は今わずかに入間郡に残れり」の一文で始めています。つまり、昔日の武蔵野らしい風情はもう入間郡にしか残っていないのか？　という投げかけからはじまり、そして、それが事実に基づいていることを綴っていくのです。

現在、東京から日光街道・中山道・川越街道などを経て埼玉入りした場合、あるいは、東北線・高崎線・東武線・西武線などの車窓から見た場合、県南西地方の埼玉の風景は、隣接する東京都内のそれとほぼ違いがなくなってしまっています。しかし、どんな市街からでも、にぎやかな方角に背を向けて30～40分も歩を進めれば、そこには必ずと言っていいほど雑木林と水田と畑が混在したゆるやかな起伏があり、ときに道端には石仏が草に埋もれ、ひなびた祭りや踊りを伝える村落があり、家々の防風林を寄せ合っています。

独歩の愛した武蔵野の風光は現代においてもその魅力をたたえています。

第5章

埼玉という土地柄が育んできた人間性で逆襲

1

「なんにもない」のは贅沢な悩み

▼処世術としての「なんにもない」

前章で紹介した深谷ねぎや狭山茶のように、なんにもないことはないのですが、どうにも他県へのインパクトは薄いようです。出身者が「なんにもない」と居直るようになってしまったのも、世間に出て、あまりの他県からのリアクションの薄さや認識の違いを痛感してきたからにほかならない。まだ埼玉にいるころは、「なんにもない」なんて思っていなかったのです。前者の「リアクション」については、「埼玉出身です」「へぇ～……」……。……話が広がらない。これのことです。

これが他県ならば「福岡です」「おっ、明太子だね！」「やっぱそういうイメージっすか！」「福岡のどこ？」と広がっていきますが、埼玉には代名詞がない。もしも「埼玉のどこ？」が先にきたとしても、この仕掛け方は質問者にもリスクを負うことになる。「東松山です」「……えっ」。結局ここで終わるのです。仮に「やきとり！」と答えた強者がいたならば、いますぐ東武東上線に乗り、やきとりに味噌だれ焼きそばも付けて盛大にもてなしてあげましょう。「マミーマート」にも連れて行き好きな服（しまむら）を買ってあげましょう。

もし県下最大の都市「大宮です」と答えたとしても、関東の人ならともかく、沖縄の人が「ＪＡＣＫね！」とは言わないでしょう（「ＪＡＣＫ大宮」＝大宮駅西口にある複合ビルです）。

つまり、頭の回転が早く、気の利く人間であれば、この質問は事前に回避するのです。「認識の違い」については、「えっ、『山田うどん』って全国チェーンじゃないんですか⁈」が圧倒的多数でしょう。「『るーぱん』みたいなピザが食べたいね。えっ、わかんない？」これもあるかもしれません。ＮＡＣＫ５が世の中で一番オシャレなラジオ局だと信じて疑わない。そのまま疑わなくて結構ですが、こういうこともあります。こういった認識の違いの洗礼を、高校で県外に出た人なら15歳で、その他多くの人が18歳くらいで受けます。

大海の荒波によって打ちひしがれた気持ちはやがて埼玉の地形のごとく穏やかになり、その果てに自虐をしはじめます。「なんにもない」ことを逆手にとり、防御するという戦法を編み出すのです。「自分、埼玉っす。なーんにもないっす！」「あはは！　そうだよね。なんもないよね！　なんかあんの？」「十万石まんじゅうですよ」「知らねー！」（これは本当に埼玉県人しか知らない場合が多い）。ほうら、話が広がったでしょう？　「なんにもない」は、埼玉が産み出した独自の処世術なのです。

▼全国でも稀少な「敵がいない」県

ここで特筆すべきは、「なんにもない」と真っ向から言えてしまう埼玉県人の強さでしょう。いやいやウチのが凄い！　と強情にならずに、他県に拍手を送り、自らを「なんにもない」とする謙虚さ。つつましさよ。清貧なる古来日本人のあるべき姿が埼玉にはあるのです。

そのおおらかさ、ひいては、のんきな人柄は、県・地域を問わず愛されやすい傾向にあるようです。連れ立っても、都会のノリを知らないわけじゃないし、かといっておぼこい一面もある。どの県の主張も公平に聞き分けるし、ほかの控え目な県がいれば、気持ちを共有してあげることもできる。オールラウンダー・埼玉。

自治体においても、某・北陸地方のあの県やあの県のように、某・四国のあの県やあの県のような隣県におけるいざこざはあまり聞かれません。東京はもちろん、群馬、山梨、栃木どことも基本仲良しです。「敵がいない県」は全国見渡しても稀有な存在といえそうです。

「なにかある」県は大変です。いがみ合ったり、貶め合ったり。それは県内においても同様でしょう。県内のあちこちに杭が出ていたら、トゲトゲします。「ウチがウチが」で浅ましい利権が絡まりまくりです。埼玉のように平坦でないと。

▼さいたまんぞうは岡山県出身

「さいたまんぞう」も歌っていましたよね。「前も後も、西も東も、北も南も、みんな埼玉」と。埼玉はどこに行っても埼玉。

ご存じない方に補足ですが、さいたまんぞうとは１９８０年代に「なぜか埼玉」「埼玉オリンピック音頭」「なぜか埼玉海がない」など、埼玉県をモチーフにしたコミックソングで一躍有名となった歌手・タレントです。なかでも「なぜか埼玉」は１９８１年にヒットし、一世を、埼玉を風靡しました。

ベスト（？）アルバム『さいたまんぞう　全曲集　生存証明』の曲目解説によると、その年、深夜ラジオの人気番組だった「タモリのオールナイトニッポン」の「思想のない音楽会」コーナーでオンエアされ、タモリが「イモな歌だね、下手な歌手だね」と面白がったのが、ブレークのきっかけだったとか。

そういえば、「ダサイタマ」を「ちばらぎ」とともに流行らせたのはタモリだったという諸説がありますが、これも何かの因縁かもしれませんね。

あと、さいたまんぞうをご存じの方に補足ですが、「さいたまんぞう」は岡山の出身です（！）。

「敵なし県」埼玉の話に戻しますが、千葉との不仲説がささやかれます。しかし歴史的遺恨はあまりありません。どちらかというとお互いが発展してきた近代の話であり、敵ではなくあくまで好敵手。長年におよぶ「関東の3番手争い」は、熾烈な抗争を繰り広げる他地方から見れば、微笑ましい「じゃれあい」だそうです。これからもお互い競い合って関東を景気づけてほしいものです。

ちなみに、11月14日の「県民の日」はディズニーランドに埼玉県人が大挙する日。事実上の埼玉・千葉の交流記念日なのです。

▼埼玉県人の合言葉「十万石まんじゅう」のCM

どうです？　あなたがもし他県の人であったら、そろそろ埼玉に興味を持ち始めたころじゃないでしょうか。ひいては私も埼玉県人と交流したいな、と思い始めていませんか？

ここで、埼玉県人とすぐにお近づきになれる方法を教えてしんぜましょう。

それは、これまで何度か登場した「十万石まんじゅう」にあります。「十万石まんじゅう」とは、江戸時代に行田にあった忍藩の石高が十万石であったことに因んだ行田名物のまんじゅうのこと。このまんじゅうのCMが、テレビ埼玉（テレ玉）で、再三流れるのです。いわゆるローカルCMですね。このCMがじつにシンプルかつシュールと評判で、埼玉に知らぬ者はいないという、キング・オブ・埼玉CMです。このCMで流れるフレーズを使って埼玉県人と仲良くなりましょう。

まず、埼玉県人の耳元でそっと「風が語りかけます」と囁いてみましょう。するとすかさずこう返ってくるでしょう。「うまい、うまい、うますぎる」と。

行田名物「十万石まんじゅう」本店（左）と「るーぱん」外観（下）

ＣＭは実際にこの2つのフレーズだけで構成されています。「うまい、うますぎる」とはこの十万石まんじゅうをこよなく愛した日本を代表する板画家・棟方志功による言葉です。ＣＭでも棟方志功による書画がただただ静止画で映されています。ほら、「なんにもない」とさいなんでいるあの子にも囁いてあげましょう。するとすぐさま「うまい、うますぎる」。いま泣いた烏がもう笑った。

かつて忍者が「山」「川」を合い言葉にして敵か否かを判別したように、十万石まんじゅうは、埼玉県人の合言葉なのです。十万石まんじゅうは仲間の証。だから勇気を出して「風が～」と語りかけましょう。たちまち埼玉県人の心はほぐれ、あなたを仲間と認めてくれるでしょう。

餅のようにやわらかく薄い皮に、ふんだんに餡が詰まった十万石まんじゅうは、甘く、本当に「うまい」。甘味が苦手な人には「甘い、甘すぎる」ということもあるそうですが、そんなときは渋みの中にコクがある狭山茶をどうぞ。せっかく行田に来たなら、『のぼうの城』の舞台となった忍城跡や埼玉のルーツ「埼玉《さきたま》古墳群」に立ち寄るのもいいかもしれませんね。

あれ？　やっぱり、なんにもなくないいんじゃないか？　埼玉。

2 ジェネラリストを育む土壌

近代埼玉の県政が農業政策や基盤整備をめぐって展開されてきたことは否めません。特に治水・利水・耕地整理・道路開削は大きな意味を持ちました。中央に荒川、東北県境に利根川、さらにその多数の支流を持つ埼玉の主要な課題はそこにありました。そのことは、地域的対立と絡み、激しい政争を生みました。明治20年代の秩父熊谷道、明治末年の秩父三峠の道路開削、大正にかけて展開された新方《にいかた》領耕地整理、大正から昭和にかけて争われた唐沢掘開削は、最も大きな問題でした。外部から「難治の県」と呼ばれた所以がこのようなところにもあります。

しかし、このようなことから、ただちに埼玉県人の気質を「過激粗暴」と見てしまうのはあまりに短絡的というもの。埼玉県人は古より「穏和」。それは自他ともに認めている不変なき見解。『県別診断書』なる文献によると「全体的に素朴で、争いごとを好まず」とあります。それは農民的気質といってもいいでしょう。

埼玉の村落は昔から農業者を中心に形成されてきました。しかも、そこにはいわゆる「家格型」村落構造がつくられていました。その階層秩序は、突出した大土地所有者が少なかったこともあり、家格に準じた緩い階梯秩序でした。水田地帯・畑作地帯とも生産性が高かったこともあり、激烈な階級対立を生むことはあまりありませんでした。明治と大正に大きな米騒動が2、3度ありましたが、この折も地元の名望家は階級や身分に関係なく救済活動をしたそうです。

▼バランスのとれた人間性

埼玉県気質について考察するとき、埼玉県人は、一般に県民意識が低いとか、これといった特徴がないと言われがちです。これは県域が関東平野の一部にあたり、地形的に特に隣接都県と区別される特徴を持たないこと、明治以来現在まで中心となるべき都市をもたなかったこと、東京との関係があまりにも密であったことなどに起因しているのかもしれません。

都会化への強烈なピッチ、武州時代からの土着的な生活のテンポ、あるいは川口・浦和・大宮といった県南部の工業・住宅地帯と、秩父・児玉・比企などの山岳・丘陵・田園地帯、この二重構造が不思議なバランスの人間性を生んでいるのが、今日の埼玉県人の人物像といえましょう。

１９１０（明治43）年の『埼玉新報』にこんな一文があります。「余数々満州朝鮮に遊び植民の原籍地を調査し埼玉県人が最も少数にして他県人の十分の一にも満たざるに驚く」。つまり、第二次世界大戦終了まで実施された満州への移住を募る国の施策に対して、それに応じた埼玉県人の人数が、圧倒的に少なかったという記事ですが、これを見るに埼玉県人が適度に保守的であることがわかります。

争い事を好まない。大きな生活の転換を望まない。劇的に変化を遂げる武蔵国および江戸の流れに身をまかせてきたように見受けられてしまいがちな埼玉ですが、じつは何事にも動じないマイペースさと柔軟さがあるのかもしれません。争い事を好まないのは、事を荒立てない穏和さ、事を鎮静させる平静さ、周囲と折り合いをつける柔軟さ。満州への移住に手を挙げないことも、ともすれば非国民的な非難を浴びるかもしれません。しかしそこは、埼玉県人が持ち合わせる冷静沈着な判断、主観性のある価値観ゆえの行動だったのかもしれません。

現代の埼玉県人に「埼玉県人とはどのような気質で、どのような人間に育つと思いますか?」という問いを投げかければ、「おおらか」「のんき」「落ち着いてる」「公平に物事を見る・判断する」などの回答が多くを占めます。具体的には「感情のままに動くというか、気分屋。自分がよければいいや的な。他人のことなんて知ったこっちゃない。まあ能天気なんですかね」という意見もありました。これはじつに満州の事例を体現していますね。マイペースですねえ。

ほかには、「じっくり物事に取り組むアーティスト気質の人が多い気がします」とも。これは江戸への供給物を生産する過程で培った、いや、勝ち取った「ものづくり文化」からくる気質ではないでしょうか。だとすれば、現代へも脈々と息づいているのですね。

▼典型は石川遼くん

情報過密な江戸・東京を少し離れた位置から見て養った客観性ある価値観。見渡す限り平野の風土が育んだ穏やかな気立て。争いは何も生まないという農耕民族ならではの信条。じつは埼玉県人はものすごくバランスのよい、現代に求められるジェネラリストなのではないでしょうか。実際、埼玉県人には「自分たちは普通」「まとも」という自負があるそうですが、その自負は決して「自信」ではなく、ネガティブなこととして受け止めてしまっています。しかし、全国でも「まとも」と公言できる県民はそういないのではないでしょうか。もっとポジティブに誇りとして自尊していいと思います。

ここまで埼玉県人の気質についてつらつらと述べてきたなかで、1人の人物像が浮かび上がります。それは埼玉県北葛飾郡松伏町出身のプロゴルファー・石川遼くん。あのバランス抜群の人間性は周知の通りです。一方ではお父様の妙々たる教育方針ばかりが取りざたされていますが、筆者はひとえに埼玉という土地柄があのような人物を育んだのではないかと思っています。当節、他の追随を許さない不動の「息子にしたいナンバーワン」石川遼くんを輩出した埼玉をもっと誇ろうではありませんか!

補足情報ですが、「子どもを育てるなら埼玉」と県を挙げて育児支援の充実を図る埼玉。近年では春日部などが子育て関連の施策に注力し、学童保育の受け入れを充足させ、待機児童の減少に努めています。

また、妊婦や中学3年生までの子どもがいる家庭を対象に、「パパ・ママ応援ショップ優待カード」を埼玉全域で配布しています。協賛店でカードを提示すると、割り引きなどのサービスが受けられる仕組みです。現在、協賛店は県内外に1万3767店舗もあり、これは同様の制度を行なう道府県中で最多の数です。

牧歌的なデザインのカードだが、あなどることなかれ！ 持っているとかなりお得です

3 「フツーでそこそこ」な埼玉的幸福論

「特徴のないのが最大の特徴」とはうまいこと言ったものだなぁと思います。しかし逆に、特徴のない県なんてほかにありません。特徴を持たないことのほうが至難。特徴がないのは埼玉の最大の特徴といえましょう。唯一無二の誇るべき特徴です。

「自分は比較的まともな人間だと思う」と埼玉県人が自認することや、町の規模も人口もインフラも大学進学率も就職率も「そこそこ」、「フツー」としていることは、一方で悲観・自虐しながらも一方では「これも悪くないか」という潜在意識が宿っているように見受けられます。当人たちは無意識でしょうが、はたから見れば、そんなに幸せなことはないと思うのです。

悟りの境地にたどり着いたであろうかという老賢人が、よく1年の締めくくりに「なんにもなくていい年だった」ということがあります。まさにそれです。ひどく良いことも悪いことも起こらないことが一番幸せであることを、年輪を刻んだ先人方がたは知っているのです。そしてこと人生においては、「そこそこ」「フツー」でい続けられることはどれほど大変なことかも……。

埼玉県人が発する、この「まあ、フツーっすよ」的アスペクトのことを、筆者は「フツーでそこそこな埼玉的幸福論」と呼んでいます。

そもそも県名の由来の1つである「幸魂」は、幸福をもたらす神の働きを意味しているんですよね。ああ、なんだか気持ちがほっこりしてきました。まあ、埼玉県人に言わせれば、

「そうっすかぁ？　そんないいもんでもないと思いますけど」

と、きっと意に介さないのでしょうけど。その態度もまた、幸せだなあ。

▼東京のことは別に憎んでいない、という寛容力。

「まあ、いいんじゃないっすか」という埼玉県人特有の立ち居振る舞いは、これまで述べてきたように、おおらかさにもつながります。

これもさんざん述べてきましたが、「江戸の穀倉地帯」「東京への通り道」「埼玉都民のため住宅地」「東京の衛星都市」と嘲笑われてきた節もある埼玉。しかし、そこまで言われても、実際は悔しがっておらず、むしろ自嘲している面もあるのです。この寛容力はなんでしょうか。

埼玉に関するどの文献を見ても「おおむね平坦」の文字を見つけます。これは当然「埼玉の地形」のことを指しているのですが、「埼玉の気質」の間違いではないでしょうか、というくらい風土とリンクしています。「環境が人を育てる」とはよく言ったものです。

「東京に対して何か一言言いたいことありますか?」と水を向けても、概ね「いえいえ、そんな……」という回答。

「東京さん大好きです」

「いやいや、一生〝小〟江戸です」

「むしろ埼玉を発展させてくれてありがとう!」など。

物申したとしても「埼玉もこれといったおみやげないけど、東京もない! 東京ばななななんて、東京じゃなくてもいいじゃないか〜」というくらい。ああ、またほっこりしてきました。

ちなみに、なんでも受け入れる埼玉に比べ、お隣の群馬はまったく真逆。

「群馬県に入るためにはパスポートが必要で、うかつに入ると原住民に槍を投げられるぞ!」と揶揄されるほど独立心が強い。「からっ風と義理人情」といわれる群馬の気質。からっ風に代表される厳しく荒い気候と山がちな地理が、短気で感情的な気質をつくりあげたとされています。ですが同時に、純朴で義侠心に厚く、さばけた一面もあり、一度気に入られれば深く付き合えます。余談でした。

エピローグにかえて

勝手に埼玉〝逆襲〟計画

まず、思い違っていたことがあります。

この本の計画がまだ立ちあがったばかりのころです。

「埼玉は自分たちの〝なんにもなさ〟とか〝ダサイ〟ことを自嘲するのが好きですから、地元愛もないし、トホホな話を投げれば投げるほどウケるってもんです」と息巻いていた私がいました。

ごめんなさい。ありますね、けっこう地元愛。倒置法にすることでより強調してみました。

本書執筆にあたり、多くの埼玉出身の方がたに聞き込みをしたり、知人づてにアンケートを送ってくれた顔も存ぜぬ方もいました。ありがとうございます。埼玉の各所で、話しかけられる人には極力話しかけた。各所の飲食店などで常連さんや店員さん、女将さん、板さんに話を聞いた。すると、どこもけっこう地元愛がある。

「や、そうは言ってもアレでしょう?」とソッチのほうへ水を向けても、「そんなことないですよ」

という口ぶり。ん？　あれ？　これ、これ本気のやつだ。地方取材でよく見る地元愛を語るときと同じ瞳（キラキラ）してる。そして、これ、このムード、これ以上煽ったら殴られる。そんな局面もありました。

はたから見れば「あの埼玉」かもしれませんが、彼らにとっては間違いなく愛すべき郷土なのです。我々に自嘲しているように映っていたのは、埼玉がそういう対象だと自ら知っていたから。それを汲んで、こちらに合わせてくれていたのです（とはいえ、「埼玉都民」はやはりシニカルな向きがありますが）。埼玉はオトナです。すべてを汲み取ったうえで〝埼玉らしい〟態度に徹しているのですから。それを真に受けてバカ笑いしていた私たちはガキでした。

ともあれ、せっかく長いこと埼玉のことについて調べてきたので「こんなのどうかなぁ～」程度の、非現実的ではない「勝手に逆襲計画」を以下に考案してみました。

▼「なにもない」をキャッチフレーズにしてしまう

海なし県、ひいては山なし県とも揶揄されるほど、ひたすらの平野が続く埼玉。なら、いっその平野をウリにしてはどうでしょうか？　特に北東部のだだっ平野っぷりは他県に類を見ません。視界を邪魔する物のないこの風景は〝極端〟なほどなにもなく、むしろ目を見張るものがあります。

〝極端〟や〝徹底的〟、〝規格外〟は、現代の日本人のお出かけ・お買い物ゴコロをくすぐります、とは、本編の「名所」の項でも論述しました。羊山公園の芝桜や東松山のやきとりの極端さによる妙と同じく、極端に阿修羅を集めた展覧会や極端にフードコートに力を入れたサービスエリア、極端に広い家具屋。極端に高いスカイツリーのウリが「日本一下界を見下せる634m」であるならば、埼玉に「日本一遠くまで見渡せる地点」なるスポットを設ければ、きっとそこに訪れる人はいるはずです。至極現実的には、自転車ブームにあやかって、埼玉が誇る平坦な地勢をサイクリングのメッカに！　と転じたいところですが、埼玉は無駄に道が広いところが多くクルマの往来が過ぎます。どうかご関係者ご一考を。

その「なんにもない」様をまるで平野で体現しているかのような埼玉。そんなに「なんにもない」と自分で言うなら、こうしたらどうでしょう。香川県の「うどん県」のように「なんにもない県」を県の公式キャッチコピーにしてしまうのです。ご存じのように「うどん県」の反響は凄まじく、各方面で話題に上りました。これも一種の〝極端〟をウリにした案ですが、この案は自信があります。

「なんにもないなら、じゃあ行ってみよう」となるはずです。結果は、「ほんとになんにもないな！」でも「なんだ、あるじゃないか～」でもどっちでもいいのです。どちらにしろ土産話にはなります。「なんにもなくって、結局サイゼリヤでメシ食ってきた」でもいいのです。それを聞いた人が「そんなわけないだろ。じゃあ、今度おれが行ってみる」と波及し、不思議な観光エネルギーが県に横溢することになります。そしてカッパ寿司を食べて帰ってくるのです。

一方、「なにかないか探したよ。でさ、大宮に『盆栽村』っていうのがあってさ」という「なにか見つけたい派」は、これまで素通りだった場所にわざわざ立ち寄って目を凝らせてくれるわけで、もうしめたものです。これは観光の本質ですね。勝手にお客さんが見つけてくれます。

ついでに、大宮の盆栽村も、もっと規格外に、町ごと盆栽にするくらいにするといいかも。家も会館も植木、ガードレールも生け垣にしちゃって、そこらじゅうを盆栽にしてしまっては。

▼川の数・日本一、晴天日・日本一をもっと売り出す

羽生の「淡水魚水族館」もいいですね。海がないことをむしろ主張していて潔いです。もっと川が日本一多いことを売り出せばいいのです。他県の人は、この事実、知りませんよ。これももっと徹底的に押し出します。「見られない淡水魚はいません」「あなたの図鑑の淡水魚ぜんぶいます」くらいに。

晴天日が日本一多く、雨が少ないことも知られてません。「晴れの国」、これはかなりイメージがよいので、もっと強く打ち出しましょう。岡山県さんごめんなさい。

天気がいいことは、じつはシニア層に響きます。たとえば、子どもが巣立って、都内の家も手もちぶさたになった。少し地方に行って、夫婦2人でちょうどいい広さの家に引っ越そうか。というケース。

「わしは畑でもやりたいな」「でも、不便なところはやあよ。少なからず都心へ至便なほうがいい

わ」「雨の日は古傷が痛むし、寒い日はもう老体にはこたえるのう」「ちょうどいいところないかしらねえ」「そういえば、埼玉って晴天率が高いんだって。『埼玉の逆襲』っていう本に書いてあったぞ」「埼玉なら都心へもだいだい1時間以内だし、いいわね」「ほどよく緑の気配もあるしな」という具合です。

ともかく、シニア層は「お天気」が大好き。というか、暮らしにおいて最重要事項。都心で働きづめ、定年を迎え、のんびりとした場所に安住したい。でも寒い所はイヤ、不便なところはイヤ。そんなワガママなニーズに応える地こそ埼玉なのです。時流に乗ってます、埼玉。

▼「晴れの国」のPR法

「晴れの国」をよりアピールするために、私は「干す」ことを提案します。もう布団でも畳でも褌でも、ダイコンでも川魚でもなんでも干すのです。埼玉中あちこちに。線路沿いや大きな国道沿いが効果的でしょうね。普段は埼玉を通り過ぎるだけの人も景色はどうしたって目に入りますから、「なんかさ、やたら干してない？」「あれ、いつもなに干してんの？」とじわじわ話題に。

例えば、雪のなか古民家が肩を寄せ合う岐阜の白川郷。行ったことがない人、降り立ったことがなくても、その情景を見ただけで「風情ある」とか「昔ながらの日本」とか「古き良き」とか想起するでしょう？　埼玉の「干し場」も極端なほどに立ち並んでいれば、そのうちその光景を見ただけで、だれもが「ああ、埼玉暖かそう」「穏やかそう」「天気がよくて元気になるね」となるはずです。どうです？　場所もそれほど取らないし、乱暴な開発にはむろんならないし、立ち退きも不要。わりと無茶な提案ではないと思うのですが……。

さて、こんな勝手な逆襲計画含め、ここまでほぼ独断と偏見だけで、埼玉のこと、好き勝手書いてきました。それはもう本当に勝手極まりないほどの勝手さです。ただ、埼玉を思うあまり、少し冷静さに欠けるところがあったかもしれません。全体の〝ノリ〟のなかで、許される範囲であれば、どうかご容赦いただければ幸いです。

10代のころより独学、または大学で民俗学に触れてきた私ですが、その見聞の使い道がなく、ただただ巣に溜めこんでいただけでした。近年はようやくその端々をいろいろなところに寄稿したりと切り売りしてきましたが、本書でようやくその想いは47分の1成仏された気がします。私にとってこの47分の1は本当に大きな意味を持つ47分の1なのです。これには、こんな若造にこんなステキなテーマの本の執筆を英断してくれた言視舎・杉山尚次さんのステキなはからいに他なりません。ここに記して、多大なる感謝に代えさせていただきます。

２０１２　初夏

谷村昌平

参考文献

『ビジュアルワイド 新日本風土記11 埼玉県』（ぎょうせい）
『ふるさとの文化遺産 郷土資料事典11 埼玉県』（人文社）
『埼玉の１００年―小川博也・池田信・高橋譲治・根岸敏・栗田尚弥』（山川出版社）
宮田利幸『統計・資料で見る 日本地図の本④南関東』（岩崎書店）
『都道府県別 日本の地理データマップ③関東地方』（小峰書店）
小野文雄 編『図説 埼玉県の歴史』（河出書房新社）
『県別歴史シリーズ 埼玉県』（ポプラ社）
『都道府県別日本地理 関東地方』（ポプラ社）
路上観察学会 編『路上探検隊 新サイタマ発見記』（宝島社）
井田仁康 監修『都道府県大図解 日本の地理3』（学研）
山本博文 監修『あなたの知らない埼玉県の歴史』（洋泉社）
こどもくらぶ 編・著『ふしぎがいっぱい！ニッポン文化 南関東地方のふしぎ文化』（旺文社）
小森雅人・川野輪真彦・藤江孝次 編『これでいいのかさいたま市』（マイクロマガジン）
三浦展『下流社会 新たな階層集団の出現』（光文社）
山田泰雄『徹底検証 東京スカイツリーの誕生』（凰書院）

『伝統写真館 日本の食文化4 首都圏』（農山漁村文化協会）
もぐら著『うちのトコでは』（飛鳥新社）
大村進・秋葉一男編『郷土史事典・埼玉県』（昌平社）
『埼玉県史　通史編2』（埼玉県）

日本五大名飯の忠七めし（S級グルメ）を供される著者

［著者紹介］
谷村昌平（たにむら・しょうへい）
大学卒業後、新聞社や出版社勤務を経てノンフィクションライター・編集者、出版プロデューサーに。10代のころより民俗学・風俗学を嗜み、現在も主に日本の民俗学調査をライフワークとし全国を歩きまくる。埼玉県境の東京北多摩出身の「ほぼ埼玉都民」。著書に『うんちく埼玉』、『まんぷく埼玉』など。

装丁………山田英春
DTP制作………勝澤節子
編集協力………田中はるか

［増補・改訂版］
埼玉の逆襲
「フツーでそこそこ」埼玉的幸福論

発行日❖2016年4月30日　増補・改訂版第1刷

著者
谷村昌平

発行者
杉山尚次

発行所
株式会社言視舎
東京都千代田区富士見2-2-2 〒102-0071
電話03-3234-5997　FAX 03-3234-5957
http://www.s-pn.jp/

印刷・製本
㈱厚徳社

© Shohei Tanimura, 2016, Printed in Japan
ISBN978-4-86565-050-1 C0336

言視舎刊行の関連書

978-4-905369-58-5

千葉の逆襲
地域対抗「充実度」くらべ

田舎的？都市的？北関東的？南国的？　ライバル「埼玉」と大胆比較！加えて「地元すぎて」わかりにくいけど面白い県内「京葉ダービー」も開催。でかくて、謎だらけの千葉の本質にぐさりと迫る。住んでいる人は意外と知らない歴史・エピソード・うんちく、満載。

谷村昌平著　　四六判並製　定価933円十税

978-4-905369-12-7

茨城の逆襲
ブランド力など気にせず「しあわせ」を追究する本

都道府県魅力度ランキングで茨城は2年連続最下位。でも、太陽、水、農業、方言、歴史そして人……茨城には「都会」にはない価値があふれています。「都会」のマネをしないが、本書の基本姿勢です。

岡村青著　　四六判並製　定価1400円十税

978-4-905369-80-6

群馬の逆襲
日本一“無名”な群馬県の「幸せ力」

笑う地域活性化本シリーズ1　最近なにかと耳にする「栃木」より、ちょっと前の「佐賀」より、やっぱり「群馬」は印象が薄く、地味？もちろんそんなことはありません。たしかに群馬には無名であるがゆえの「幸せ」が、山ほどあるのです。

木部克彦著　　四六判並製　定価1400円十税

978-4-905369-17-2

吉祥寺　横丁の逆襲
“街遊び”が10倍楽しくなる本

住みたい街ナンバーワン？　でもこの街にも「活性化」が求められています。逆襲は横丁から。徹底取材で街の歴史、キーパーソンの物語、街の薀蓄、独特の都市論を展開。懐かしい写真・地図も多数収録する。

桑原才介著　　四六判並製　定価1400円十税

978-4-905369-29-5

東京「消えた山」発掘散歩
都内の「名(迷)山」と埋もれた歴史を掘り起こす

東京散歩本に新機軸！天然の小山、森、築山、富士塚、城址、古墳……都区内にある100近くの「山」を探し訪ね、散策を楽しむ1冊。神社等のパワースポット、ご利益の解説も充実。忘れられた信仰や伝承も甦る。写真満載、実際に歩ける地図付。

川副秀樹著　　A5判並製　定価1600円十税